八大
性格優勢
讓你成就大事

自信樂觀、永不言敗、踏實穩重！

徐定堯，鄭一群 著

急著為能力標上價格，不如先改變你的性格

你是否想成為更好的人卻又覺得遙不可及？

你是否想成為一位了不起的人物被寫進歷史裡？

你相信一個信念的轉變比任何外界刺激都更有力量嗎？

想要成功，先從內在開始

匯集古今中外無數偉人，給你力量的啟示之書！

名人偷偷告訴你
83個
成功者的
必備要素

目　錄

目錄

第三章　踏實穩重的性格

第四章　勇於行動的性格

第五章　堅持不懈的性格

第六章　永不言敗的性格

目錄 ────────────────────

目錄

前言

性格是指人們在態度和行為上的個性特徵。如剛強、懦弱、孤僻等。一個人的性格是在社會環境和教育影響下形成和發展出來的。有位名人說過：「性格是人們在生命和作為生存能力表現出來的一種姿態。」

性格對於一個人來說是十分重要的。性格是人生前行的領航燈，同時，性格也是人們所具有的能力。如果一個人的性格直爽、開朗，那麼他就會很容易被人所接受，交往活動廣泛，在與他人廣泛的交往中學習各種知識，就有走向各種成功人生道路的可能。

而性格孤僻的人，交往活動就只會在狹窄的範圍內，做任何事情都不願與人們直接配合。這種人往往知識片面、死板，做事情也往往有始無終，半途而廢。因此，一個人是否有優良的性格將決定他是否能成為一個完全的人才，也決定著他是否能在將來有所成就。卡爾威特（Karl Witte）說：「性格是決定一個人成功的關鍵。」

一個人的性格決定自己的一生，儘管人的性格是與生俱來的，也是相對穩定的，人們很難改變，但是我們可以透過時間和身處不同的環境去影響、改變性格。透過自己不斷的努力學習和訓練，日積月累也會改變個人的性格。

人的性格多種多樣，對於不利於自身發展的性格，我們就要勇於去改變。有人說過，當你的性格改變時，你的命運也隨之改變；當你的命運改變時，你的人生也隨之改變。所以說，擁有好的性格，就能擁有好的人生。

命運是海，性格是舵手手裡的指南針，不同的性格引領著人們走向不同的命運。因為性格不僅僅是由你原來所擁有的東西構成，而往往是由你

前言 ———————————————————————

缺乏的東西形成的，所以我們必須汲取能夠塑造良好性格的那些東西，來掌控自己的人生。

每個人的命運都不是上天注定的，而很大程度上是由我們自己的性格來掌控的。這個世界上有很多的成功者和失敗者，成功者之所以成功，不是因為他們的運氣特別好，而是因為他們具備了良好的性格，這些優秀的性格促使他們在事業的道路上一往直前。而失敗者之所以失敗，也不是說他們沒有性格，因為不管成功者還是失敗者，每個人都具備自己的性格，而失敗者所具備的往往是些阻礙自己走向成功的因素。

其實，成功者所具備的性格也很簡單，它就是必須適合你的職業、適合你的人生發展方向、適合你所在的社會等等，各種因素的集合。而這些成功的性格是從選擇開始的，從身邊的每一件小事開始的，只有養成良好的習慣，才能具有優秀的性格。

雖然生活中每個人都有自己不同於別人的性格，但是有些性格是成功人士所必備的。其實那些性格我們經過努力都可以做到的，只是我們好多人不願意去做罷了。成功者與失敗者的差別在於，他們分別選擇了不同構成性格的元素，從而形成了不同的性格，譜寫了不同的人生。

本書從自信樂觀的性格、聰慧理智的性格、踏實穩重的性格、勇於行動的性格、堅持不懈的性格、永不言敗的性格、左右逢源的性格、有始有終的性格等成功人士必備的八種性格展開，透過經典事例與精彩點評，向讀者展示性格與人生的密切關係。透過本書，相信你將可以發現自己性格上的不足並加以對照改進，從而使自己的性格不斷完善，為自己以後步入成功的道路打好扎實的基礎。

從古今中外那些成功人士身上可以看出，任何一個成功人士都具備了優秀的性格。可見，成功不是偶然的，只有好性格才能有好人生。

第一章
自信樂觀的性格

　　自信樂觀是成功者必須具備的一項優良性格，一個人要想成就大事，就必須擁有自信樂觀的性格，因為只有自信樂觀，才能持之以恆，一步一步走向目標，走向成功。只有這樣，才能使任何誘惑都改變不了自己的既定目標，無論任何困難都阻止不了你前進的步伐！

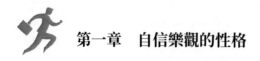

對自己的人生充滿自信

　　對於世界巨富福勒，很多人都耳熟能詳，可又有誰知道他發跡之前的情形呢？

　　福勒最初的狀況和現在大多數人的狀況一樣，很窮。他的母親生了七個孩子，為了生計，他五歲參加勞動，九歲之前就像大人一樣以趕騾子為生。但有一天，他母親的一番話改變了他的一生：「福勒，我們不應該這麼窮。我不願意聽到你們說，我們的窮是上帝的意願。我們的貧窮不是由於上帝的緣故，而是因為你們的父親從來就沒有產生過致富的念頭。不僅是你們的父親，我們家庭裡任何人都沒有產生過出人頭地的想法。」

　　「念頭」，這個詞沉重擊打著福勒的心房。福勒開始思考如何致富，他讓那些走向富有的念頭占據了自己全部心思，而把雜念通通拋到腦後。他選擇了肥皂業，於是，他像我們現在很多可憐的推銷員那樣，挨家挨戶推銷肥皂。十二年之後，他終於有了兩萬五千美金，這點可憐的錢在當時對他來說是多麼重要！

　　就在這時，福勒得知供應他肥皂的那家公司要拍賣出售，售價是十五萬美金。福勒興奮極了，由於興奮他竟然忘記了自己只有兩萬五千美金。他與這家公司達成協議，先交兩萬五千美金作為保證金，然後在十天之內付清餘款，否則，那筆保證金 —— 也就是他的全部財產 —— 將不予退還。福勒興奮得只說了一個字：「行！」

　　這時福勒其實已經把自己逼上絕路，但他的感覺不是絕望，而是成功的興奮。是什麼使他如此冒險？就是那個致富的念頭，就是他那自信樂觀的性格。

　　福勒開始籌錢。由於做了十二年的推銷員，他在社會上建立起很好的

人際關係。朋友們借給他十一萬五千美金,只差一萬美金了。但是,這時已經是規定的第十天的前夜,而且是深夜,所以那一萬美金就不是個小問題了。福勒發愁了。

但是,致富的念頭,他自信樂觀的性格,使他沒有失望。他在深夜再次走上街頭。成功之後,福勒說:「當時,我已用盡我所知道的一切資金來源。那時已是沉沉的深夜,我在幽暗的房間中跪下祈禱,祈求上帝引導我見到一個能及時借給我一萬美金的人。我開車走遍六十一號大街,直到我在一幢商業大樓看到第一道燈光。」這便是福勒最著名的「尋找燈光」的故事。

這時已是深夜十一點。福勒走進那幢商業大樓,在昏黃的燈光裡看到一個由於工作而疲憊不堪的先生。為了順利達成購買肥皂公司的目標,福勒忘記了一切,心中只有勇氣和智慧。他不假思索的說:

「先生,您想賺到一千美金嗎?」

「當然想囉……」那位先生因為這個突如其來的好運氣而有點驚慌失措。

「那麼,給我開一張一萬美金的支票,等我歸還您的借款時,我將另付您一千美金的利息。」

於是,福勒講述了他面臨的困境,並給那位先生看了相關的資料。福勒拿到了那一萬美金。由此開始,他邁入世界巨富的行列。

福勒的故事無疑給我們這樣一個啟示:閃耀著人生積極心態的念頭,的確是我們每個人邁上成功之路的開始。對於許多渴望改變自己命運的人而言,如何認知自己目前的「一無所有」,對其以後的發展至關重要。一般說來,抱著「反正我也是一貧如洗,再怎麼努力奮鬥也無濟於事」態度的人,必將終生貧困潦倒;而抱著「雖然我眼下一無所有,但是我將努力

去奮鬥……」想法的人則將走上白手創業的道路，成為真正的勝利者。

　　研究中外成功者的經驗，我們可以發現，自信樂觀性格的人對生活充滿了信心和勇氣，具有積極適應環境而又追求自我實現的精神活力。而自信心低下的人，對生活境遇難以適應，對於未來的前途缺乏進取精神，而這無疑阻礙了他事業的發展與成功。可悲的是，他們還往往拿著失敗的結局來證明當時缺乏自信心的正確，沒有想到現在的失敗，正是以前沒有自信心所致。因此，具備自信樂觀的性格，首先就要樹立自信心，只有堅信自己有能力實現自己選擇的目標，才會對自己的事業充滿熱忱，才會去努力奮鬥，爭取實現目標。

戰勝自己自卑的一面

　　大多數人都過於誇大了面臨的困難，總認為這是阻擋自己成功的障礙。但事實上，許多時候並不是困難過大，而是我們心中膽怯，不敢正視困難。只要我們勇於正視困難，就會發現許多困難並非我們所想像的那樣麻煩。

　　你能否在強大的困難面前站直身體，是你堅強或自卑的最好證明。對於大多數人來說，生性自卑的性格使他們缺少兩樣東西：勇氣和創造。成大事者也有自卑的時候，但在更多的時候，他們是堅強的，並把征服自卑視為性格塑造的重要過程。

　　自卑的性格是一種消極的自我評價或自我意識的體現，即個體認為自己在某些方面不如他人而產生的消極情感。自卑感就是個體對自己的能力、才能評價偏低的一種消極的自我意識。具有自卑性格的人總認為自己事事不如人，自慚形穢，喪失信心，進而悲觀失望，不思進取。一個人若被自卑性格所控制，其心靈將會受到嚴重的束縛，聰明才智和創造力也會

因此受到影響而無法正常發揮作用。所以，自卑的性格是束縛創造力的一條繩索。

一九五一年，英國有一位名叫富蘭克林（Rosalind Elsie Franklin）的人，從一張拍得非常好的 DNA（去氧核糖核酸）X 射線晶體繞射照片上發現了 DNA 的螺旋結構之後，她根據這個發現做了一次演講。然而由於生性自卑，又懷疑自己的假說是錯誤的，她放棄了這個假說。一九五三年，在富蘭克林之後，科學家華生（James Dewey Watson）和克里克（Francis Harry Compton Crick）也從照片上發現了 DNA 的分子結構，提出了 DNA 雙螺旋結構的假說，二人因此而獲得了一九六二年度諾貝爾醫學獎。可想而知，如果弗蘭克林不是生性自卑，而是堅信自己的假說，進行深入研究，這個偉大的發現肯定會以她的名字載入史冊。

可見，一個人如果做了自卑性格的俘虜，是很難有所作為的。

那麼，人們為什麼會產生自卑感呢？著名的奧地利心理學家阿德勒（Alfred Adler）在《自卑與超越》一書中提出了富有創見性的觀點，他認為人類的所有行為，都是出自於「自卑感」以及對於「自卑感」的克服和超越。

阿德勒認為人人都有自卑感，只是程度不同而已。他說，我們都會覺得自己所處的地位是我們希望加以改進的，人類欲求的這種改進是無止盡的，因為人類的需要是無止盡的。所以人類不可能超越宇宙的博大與永恆，也無法掙脫自然法則的制約，也許這就是人類自卑的最終根源。當然，從哲學角度對人類整體狀況分析，人類產生自卑是無條件的。不過，對於具體的個人，自卑的形成則是有條件的。

從環境角度看，個體對自己的了解往往與外部環境對他的態度和評價緊密相關。心理學理論早已證實這點。

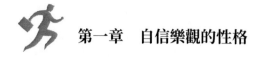# 第一章　自信樂觀的性格

阿德勒自己就有過這樣的體悟：他念書時有好幾年數學成績不好，在教師和同學的消極回饋下，強化了他自己數學不好的印象。直到有一天，他出乎意料發現自己會做一道難倒老師的題目，才成功改變了對自己數學能力的誤解。可見，環境對人的自卑會產生不可忽視的影響。同樣，某些能力不足甚至有生理、心理缺陷的人，在積極寬容的氣氛中，也能建立起自信，發揮出最大的潛能。

有位名為瓊斯（Gareth Richard Vaughan Jones）的新聞記者，極為羞怯怕生。有一天，他的上司叫他去訪問大法官布蘭戴斯，瓊斯大吃一驚，說道：「我怎麼能要求單獨訪問他？布蘭戴斯不認識我，他怎麼肯和我見面？」

在場的一個記者立刻拿起電話打到布蘭戴斯的辦公室，和大法官的祕書談話。他說：「我是《明星報》的瓊斯（瓊斯在旁大吃一驚），我奉命訪問法官，不知道他今天能否和我見面幾分鐘？」他聽對方答話，然後說：「謝謝你，一點十五分，我準時到。」他把電話放下，對瓊斯說：「你的約會安排好了。」

事隔多年，瓊斯回憶道：「從那時起，我學會了單刀直入的辦法，做來不易，卻很管用。克服了心中的畏怯一次，下一次就比較容易一點。」

如要擺脫自己心理或生理方面帶來的自卑感，就要善於尋找運用別的東西來替代、彌補這種自卑意識。

一代球王比利（Edson Arantes do Nascimento）透過補償心理克服自卑的經歷，或許會對你有所啟示。

球王比利的名聲早已為世界眾多足球迷所稱道，但如果說，這位大名鼎鼎的超級球星曾是一個具有自卑性格的膽小鬼，許多人肯定會覺得不可思議。

多年以前，那時的比利可一點也不瀟灑，當他得知自己錄取巴西最有名氣的桑托斯足球隊時，竟然緊張得一夜未眠。他翻來覆去，想著：「那些著名球星們會嘲笑我吧？萬一發生那麼尷尬的事，我有臉回來見家人和朋友嗎？」他甚至還無端猜測：「即使這些大球星願意和我一起踢球，也不過是想用他們絕妙的球技，來反襯我的笨拙和愚昧。如果他們在球場上把我當作戲弄的對象，然後把我像白痴一樣打發回家，我該怎麼辦？」

一種前所未有的懷疑和恐懼使比利寢食難安，因為他根本就缺乏自信。明明是同齡人中的佼佼者，但憂慮和自卑，卻使他不敢真正面對渴求已久的現實。真是不可思議，後來在世界足壇上稱雄數年，以銳不可當的勇氣踢進了一千多球的一代球王比利，當初竟是一個優柔寡斷、心態非常差的自卑者。

比利終於身不由己的來到了桑托斯足球隊，那種緊張和恐懼的心情，簡直沒法形容。「正式練球開始了，我已經嚇得幾乎癱瘓。」他就是這樣走進一支著名球隊的。原以為剛進球隊只不過練練盤球、傳球什麼的，然後肯定會當板凳隊員。哪知第一次教練就讓他上場，還讓他踢主力中鋒。緊張的比利半天沒回過神來，雙腿像長在別人身上似的，每次球滾到他的身邊，他都好像是看見別人的拳頭向他擊來。在這樣的情況下，他幾乎是被逼著上場的，但是當他邁開雙腿不顧一切在場上奔跑起來時，便漸漸忘了是在跟誰踢球，甚至連自己的存在也忘了，只是習慣性的接球、盤球和傳球。在訓練快要結束時，他已經忘了桑托斯球隊，而以為又是在故鄉的球場上練球呢。

那些使他深感畏懼的足球明星們，其實並沒有一個人輕視他，反而對他相當友善。如果比利的自信心稍微強一點，就不至於受到那麼多的精神煎熬。問題是比利從小就太自傲，自視太高，以至難以滿足。他之所以會

產生緊張和自卑，完全是因為把自己看得太重，一心只顧慮別人會如何看待自己，而且還以極為苛刻的標準為衡量尺度。這又怎能不導致怯懦和自卑呢？極度的壓力會淹沒人本身所具有的活力和天賦。

透過忘掉自我，專注於足球，保持一種泰然自若的心態，正是比利克服緊張情緒，戰勝自卑性格的法寶。

成功者不是天生的，他們也並非沒有軟弱的時候，成功者之所以成為成功者，正是在於他們善於戰勝自己的自卑性格。

積極的心態助你走向成功

相傳有兩個歐洲人到非洲去推銷皮鞋。由於炎熱，非洲人向來都打赤腳。第一個推銷員看到非洲人都打赤腳，立刻覺得失望。另一個推銷員看後卻驚喜萬分：「這些人都沒有皮鞋穿，這裡的皮鞋市場大得很呢！」於是想方設法，引導非洲人購買此鞋，最後發大財而歸。

這就是一念之差導致的天壤之別。同樣是非洲市場，同樣是面對打赤腳的非洲人，由於一念之差，一個人灰心失望，不戰而退；而另一個人滿懷信心，大獲全勝。

紐約的零售業大王伍爾沃斯（Frank Winfield Woolworth）在年輕時非常貧窮。他那時在農村工作，一年中幾乎有半年的時間是光著腳的。他成功的祕訣是什麼呢？就是將自己的心靈充滿積極思考，僅此而已。當時，他借來三百美元，在紐約開了一家商品售價全是五分錢的店。但不久後便經營失敗，之後他又陸續開了四個店鋪，有三個店鋪完全經營失敗。就在他幾乎喪失信心的時候，他的母親來探望他，緊緊握住他的手說：「不要絕望，總有一天你會成為富翁的。」

　　就在母親這句話的鼓勵下，伍爾沃斯面對挫折毫不氣餒，更加充滿自信的開拓經營，最終一躍成為全美一流的資本家，建了當時世界最高的大樓，那就是紐約市有名的伍爾沃斯大廈。

　　其實不只伍爾沃斯，幾乎所有成功者，無不有一個共同的特點，那就是具有積極心態的性格。他們運用積極的心態去支配自己的人生，用樂觀的精神來面對一切可能出現的困難和險阻，從而保證了他們不斷走向成功。而許多一生潦倒者，則普遍精神空虛，以自卑的心理、失落的靈魂、悲觀失望的心態和消極頹廢的人生目標做指引，其後果只能是從失敗走向新的失敗，至多是永駐於過去的失敗之中，不再奮發。

　　美國心理學之父威廉・詹姆士（William James）認為，當代最重要的發現，就是「改變態度，就可以改變一生」。猶太人通常很樂觀，這也許是從長久的痛苦歷史中生長出來的。在不斷流浪遷徙、被人屠殺、瀕臨絕望的日子裡，猶太人始終抱著一種生活和命運一定會好轉的信念。如果不是有如此積極的心態，也許現在走遍全世界也找不到一個猶太人了。

　　拿破崙・希爾（Napoleon Hill）告訴我們，我們的心態在很大程度上決定了我們人生的成敗：我們怎麼面對生活，生活就怎麼面對我們；我們怎麼對待別人，別人就怎麼對待我們；我們在一項任務剛開始時的心態決定了最後有多大的成功，這比其他任何因素都重要。

　　蒙利根是希爾理論的實踐者。蒙利根想做薄餅的生意，但每一個人都告訴他：「你完全缺乏這方面的知識，你不可能做好薄餅的生意。」但蒙利根對這些議論不以為然，而是充滿了積極進取的思想。於是他排除萬難，於一九六二年在密西根州開設第一間「多棉勞」薄餅店。三十年後，他在全球擁有五千多間分店，成為「薄餅大王」。

　　希爾認為，所謂積極的思想，就是一種進取心，這是一種極為難得的

第一章　自信樂觀的性格

美德，它能驅使一個人在被吩咐應該去做什麼事之前，就能主動去做應該做的事。巴特對「進取心」做了如下的說明：「這個世界應對一件事情贈予大獎，包括金錢與榮譽，那就是『進取心』。」

進取心是一個人成功最重要的原因之一。希爾研究了美國最成功的五百個人的生平，還結識了這些人當中的許多人。他發現這些人的成功故事中都有一個不可缺少的元素，那就是強烈的進取心。這些人即使屢遭失敗也仍舊十分努力。在他看來，只有能克服不可思議的障礙及巨大失望的人才能獲得巨大的成功。他的話跟美國發明家布克·華盛頓（Booker Taliaferro Washington）的話相似：「我明白了，成功的大小不是用這個人達到的人生高度衡量的，而是用他在成功路上克服的障礙的數目來衡量的。」

許多成功者在總結自己成功的經驗時，都認為最重要的是相信自己有能力成功，永遠也不要消極的認為什麼事都是不可能的。他們認為，首先你要相信你可以辦到，再去嘗試、再嘗試，最後你就會發現你確實可以辦到。

但是，在生活中，我們經常會發現，許多人雖然看到別人成功也心動，看到別人致富也眼紅，但卻缺乏積極的心態，缺乏奮勇向前的精神，總是習慣找一些似是而非的藉口，來掩飾自己的不思進取與碌碌無為。

正是那些根本不構成理由的藉口，使一些人的惰性膨脹，從而放棄努力，放棄追求，心安理得接受失敗的命運與貧困潦倒的現實。因此，如果我們不以積極的心態去摒棄這些充滿惰性的藉口，我們就注定會一事無成，兩手空空。

正因為這樣，有人認為，所謂積極的心態，實際上也是一種志氣。志氣，即「志」和「氣」兩部分。志是志向，一種追求遠大目標的理想；

氣是氣魄，一種向上、向前的精神。志氣是遠大志向和宏大氣魄的結合，是一種積極向上的精神原動力，能夠把人推向成功。志氣並非是每個人天生都有的，而人一旦有了志氣，必將走向成功。

著名化學家維克多·格林尼亞（François Auguste Victor Grignard）年輕時是英國某地區很有名的浪蕩公子。在一次盛大的宴會上，他像往常一樣傲氣十足的邀請一位年輕美麗的小姐跳舞，那位姑娘覺得受到了極大的侮辱，怒不可遏的說：「請你站遠一點，我最討厭你這樣的花花公子擋住我的視線。」這句話刺痛了格林尼亞的心，他在震驚、痛苦之後，幡然醒悟，對自己的過去無比悔恨，決心離開老家，闖一條新路。他留給家人的紙條上說：「請不要探問我的下落，容我刻苦努力學習。我相信自己將來會創造出一番成就來的！」就是這剎那醒悟後的志氣，給了格林尼亞無比的勇氣和力量，經過八年堅持不懈的努力，他發明了以他的名字命名的「格式試劑」，並榮獲諾貝爾獎。

維克多·格林尼亞的例子告訴我們：一個人什麼時候有了宏大的志氣，有了積極的心態，就在什麼時候踏出了成功的第一步。

克服自己性格上的缺陷

康寧罕（Glenn Vernice Cunningham）自小雙腿因燙傷而無法走路，但是，他卻成為美國歷史上參加奧林匹克運動會跑得最快的選手之一。他說，一個運動員的成功，百分之八十五要靠信心和積極的思想。也就是說，你要相信自己可以達成目標。他說：「你必須在生理、心理與精神上表現自己。而精神最能幫助你，從上帝那裡獲得推動你前進的力量。」他又說：「我不相信天下有不可能的事。」

第一章　自信樂觀的性格

有的人遇到一點困難就悲觀失望，受到一點挫折就灰心喪氣，而如果與別人相比，身體上有某種缺陷，則更是絕望不已，破罐子破摔，總認為自己比別人差了一大截，不可能有什麼成就，只能坐以待斃了。其實，無論是缺陷也好，弱點也好，都不是成功的障礙，只是缺乏自信者的藉口而已。

哲學家尼采（Friedrich Wilhelm Nietzsche）認為，傑出的人「不僅能忍人所不能忍，並且樂於進行這種挑戰」。一些社會學家曾對許多身體有缺陷的成功者進行分析，最後得出結論：這些成功者，正是因為某種缺陷而激發了他們的潛能。威廉‧詹姆士曾說：「我們最大的缺陷，也許會給我們提供一種出乎意料的助力。」這也就是說，缺陷不僅不是障礙，還有可能成為激發事業成功的動力。

達爾文（Charles Darwin），這位改變人類科學觀點的科學家說：「如果我不是這麼無能，我就不可能辛勤努力，完成所有這些工作。」很顯然，他承認自己的自身缺陷正是一種刺激。

達爾文在英國誕生的同一天，在美國肯塔基州的小木屋裡也誕生了一個嬰兒。他也是受到自己的缺陷激發而成大事者，他就是亞伯拉罕‧林肯（Abraham Lincoln）。如果他成長於一個富有的家庭，得到哈佛大學的法學學位，又有圓滿的婚姻，他可能永遠不能在葛底斯堡講出那麼深刻動人、不朽的詞句，更別提他連任就職時的演說 —— 可算得上是一位統治者最高貴優美的情操，他說：「對人無惡意，常懷慈悲於世人。……」

米爾頓（John Milton）如果不是失去視力，可能就寫不出那樣精彩的詩篇；貝多芬（Ludwig van Beethoven）則可能就是因為耳聾才得以完成更動人的音樂作品；而海倫‧凱勒（Helen Adams Keller）的創作事業完全是受到了耳聾目盲的激發。如果柴可夫斯基（Pyotr Ilyich

Tchaikovsky）的婚姻沒有這麼悲慘，逼得他幾乎自殺，他可能就難以創作出不朽的《第六交響曲「悲愴」》；托爾斯泰（Lev Nikolayevich Tolstoy）與杜斯妥也夫斯基（Fyodor Mikhailovich Dostoevsky）都是因為本身命運悲慘，才能寫出流傳千古的動人小說。

當然，不是說越有缺陷越容易成功，越是家境貧寒越容易成才。但是，即使你有什麼弱點，有什麼缺陷，也不能因此喪失自信心，因為這些都不是你成功的障礙。只要你有志氣，有決心，你完全可以克服自己的不足之處，甚至還可以把最弱的地方轉化為最強的部分，就好比焊接金屬一樣，一片金屬破裂，經過熔合後，反比其他金屬來得堅固。這是因為高度的熱力，使金屬的分子結構更為嚴密。

那麼，怎樣將缺陷轉化為優點呢？你不妨這樣去努力：

首先，將缺陷獨立出來，並徹底研究它，擬定一個計畫去對抗它。然後，將你希望獲得的結果，詳細列舉出來。接著，將你自己最弱的地方變成最強，並在心中描繪出這種景象。

設計的這套公式的，是一個非常具有自信心的人，但他也曾是一個消極的人，很多年前的一個晚上，他在長島的一處草地上散步，計劃在那裡自殺。生命對他而言已無任何希望。他隨身帶了一瓶毒藥，一口喝盡，躺在那裡等死。

次日他睜開眼睛，看到的是月光明亮的夜空，他感到相當詫異，起初他懷疑自己是否還活著，想不通為什麼自己會沒有死。他始終認為，這是上帝的意思。上帝希望他留下來，另有任務給他。當他知道自己仍然活著，突然間又重新燃起生機。他感謝上帝的協助，一定要活下去，並且下定決心，要以幫助他人為職責。

其實，我們每一個人各有各的優勢，各有各的缺陷，我們不要拿自己

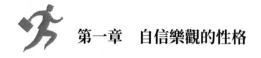

的缺陷去和別人的優勢相比，徒長他人志氣，而滅自己威風。我們固然要檢查和分析自己的缺陷以進行彌補，但不能因此喪失自信。世界上的事情，有得必有失。不管你出身如何，也不管你知識素養怎麼樣，在人生的道路上，你總能找到自己通向成功的途徑，關鍵是你要有自信，要勇於打拼！

有自信的人，並不是處處比別人強的人，相反，他們可能身體沒有你好，學歷沒有你高，能力沒有你強，但他們有堅定的自信心，知道自己存在的價值，懂得如何安排自己的優勢與弱勢，而且在有自信的心態下，他的優勢更容易被激發出來。這樣的人自我認知比較客觀，又懷有積極的心，人的整體狀態就會達到最佳組合。

而自卑的人處處要和別人比較，總覺得這也比不上別人，那也沒有別人好，不戰而敗。有自信的人，把眼光放在已有的進步上，而自卑的人，時時聚焦在自己的缺陷上；有自信的人總是做什麼都充滿期待和希望，沒自信的人總認為做什麼都沒有用。有自信的人，了解自己的局限，並接受自己的局限；了解自己的所長，並發揮自己的所長；不去做力所不能及的事，但要把力所能及的事做好。這種充滿自信的人，也是容易成就事業、獲得成功的人。

告別消極的心態

傳說上帝造物之初，本打算讓貓與老虎一起做百獸之王的。上帝為考驗牠們的才能，放出了幾隻老鼠，老虎全力以赴，很乾脆的將老鼠捉住吃掉了。貓卻認為這是大材小用，上帝小看了自己，心中不平，於是很不用心，捉住了老鼠再放開，玩弄了半天才把老鼠殺死。經過考慮，上帝認為貓太無能，不可做獸王，就把牠的身軀變小，專捉老鼠。而老虎能全力以

赴，做事認真，可以去統治山林，做百獸之王。

　　從這則寓言裡，我們可以得到這樣的啟示：世事艱辛不如意者十有八九，不必因不平而洩氣，也不必因挫折而煩惱，只要自己努力，機會總會有的。

　　法國著名的銀行大王雅克‧拉菲特（Jacques Laffitte）年輕時，家境清貧，他曾經有一段時間找不到工作，賦閒在家，依靠父母過日子。有一天，他自告奮勇，到佩爾戈銀行找董事長，請求他雇用自己。拉菲特滿懷信心而來，然而只見一面，他就被董事長斷然拒絕，送出門外。

　　這種碰一鼻子灰，最後無功而返的經歷，雅克‧拉菲特來說早已經習慣了，他已經第五十二次被人拒於千里之外了。為了謀生，為了求職，他已不在乎這些。他走出銀行時，看見銀行大門前面的地板上有一枚大頭針。如果有人因為它而受傷影響工作，這多糟糕呀！於是他彎下腰，把大頭針撿起來，走了。

　　第二天，銀行錄用他的通知單來了，這個意外之喜，差點讓他高興得哭出來。

　　原來，他在走出大門時，彎腰撿起大頭針的舉動被董事長看見了。董事長立刻收回成命，改變了主意。因為，在董事長看來，如此小心、連地上一枚大頭針也不放過的人，很適合在銀行當職員，所以才改變主意雇用他，讓他去上班。

　　雅克‧拉菲特從此走入了新的境界。他是一個做任何事都力求善始善終，絕不半途而廢的人。他絕對不會粗心大意，細緻到連一件細如大頭針的事也不放過。

　　正因為他做事不甘心失敗受挫，一次又一次堅持下去，所以才得以在法國銀行界立足，終於功成名就、平步青雲。

第一章　自信樂觀的性格

有個老木匠準備退休，他告訴老闆，說要離開公司，回家與妻兒享受天倫之樂。老闆捨不得做得一手好活的老木匠走，對他再三挽留，但木匠決心已下，不為所動。老闆只得答應，但希望老木匠可以幫助他再蓋一座房子。老木匠答應了。

在蓋房過程中，大家都看得出來，老木匠的心已不在工作上了。用料不那麼嚴格，作工也全無往日水準。老闆並沒有說什麼，只是在房子建好後，把鑰匙交給了老木匠。

老闆說，「這是我送給你的房子，算是在你走之前我送給你的禮物。」

老木匠愣住了，他這一生蓋了多少好房子啊，最後卻為自己建了這樣一幢粗製濫造的房子。

所以說，不管在什麼時候，我們都不應該有消極的心態，不應該有悲觀的情緒，而應該以飽滿的熱情、以積極的態度，面對生活，面對事業。

有一個相貌平平的女孩，在一所極為普通的專科學校讀書，成績也很普通。她得知媽媽患了不治之症之後，想減輕一點家裡的負擔，希望利用暑假兩個月的時間賺一點錢。她到一家公司去應徵，韓國經理看了她的履歷，面無表情拒絕了她。女孩收回自己的資料，用手掌撐了一下椅子站起來，覺得手被扎了一下，看看手掌，上面滲出了一顆紅紅的小血珠，原來椅子上有一個釘子露出了頭。她看見桌上有一塊紙鎮，於是用它把釘子敲平，然後轉身離去。可是幾分鐘後，韓國經理卻派人將她追了回來。她被錄用了。

試想，如果女孩只考慮病危的母親和自己面試的失敗，心情應該很糟，再加上手被扎破，她也許有理由怨天尤人，抱怨命運對自己的不公。可是她沒有這樣想，她的心裡充滿了愛和希望，即使受到挫折，她也不是只考慮自己的處境，而是想到別人更多。她的信心和愛，得到了回報。

所以，無論在什麼時候都不要灰心，不要悲觀，不要消極。要知道，

希望和轉機，往往是和挫折與困難一同降臨的。如果你只看到挫折，看到困難，而看不到希望和轉機，你無疑只會是一個失敗者。其實，你碰到的困難不管是大是小都不重要，關鍵的是你直面各種困難的想法是堅強還是脆弱的。對於那些成大事的人而言，他們能踩著困難向高處攀登，這不是因為他們樂意這麼做，而是必須這樣做。一位日本智者經常向他的學生們說：「人生不能沒有希望，所有的人都是生活在希望當中的。假如真的有人生活在無望的人生當中，那麼他只能是失敗者。」

人很容易遇到失敗或障礙，有的人因此就悲觀失望，消沉下去，或在嚴酷的現實面前，失去活下去的勇氣；或怨恨他人，落得整日唉聲嘆氣，牢騷滿腹，不僅一事無成，生活過得也非常不愉快。其實，身處逆境而不丟掉信心的人，不計較暫時的得失成敗、滿懷巨大信心而不斷奮鬥的人，絕對有機會成為人生的勝利者。

有一對成長於貧窮家庭的兄弟，由於長期受到酗酒父親的虐待，最後他們選擇了離開家裡，各自出外奮鬥。多年之後，他們受邀參與一項針對酗酒家庭的研究，這時的哥哥早已成了一位滴酒不沾的成功商人，而弟弟卻成了一個和父親沒有兩樣的酒鬼，生活窮困潦倒。進行這項研究的心理學家對他們的際遇相當好奇，忍不住問他們：「為什麼你最後會變成這樣呢？」出乎眾人意料之外的是，兩人的答案竟然一樣：「如果你的父親也像我父親一樣，你還能怎麼辦？」

這則故事說明了困難和厄運在不同人身上會造成完全不同的結果，你可以被困境輕易打倒，也可以將困難和厄運當做是生命的原動力，激發你獲得巨大的成就。決定自己會走哪一條路，完全看你對所處的環境作何解釋，有何看法。

人生的道路不可能是完全平坦的，它有曲折、有坎坷、有阻礙、有陷

第一章　自信樂觀的性格

阱，追求成功的路上，我們也常常會遇到各式各樣的困難。對此，消極的人往往會因面臨困難而失去鬥志，喪失信心，從而產生失敗感和自卑心理；而積極的人，充滿自信的人，則擅於把困難作為激勵自己更加奮發向上的動力，及時調整自己的精神狀態，從困境的陰影裡走出來。

許多具有真才實學的人終其一生卻少有成就，其原因就在於他們深為消極心態所害。無論想開始做什麼事，他們總是胡思亂想著可能招致的失敗，想像失敗後隨之而來的羞辱，一直到他們完全喪失創新精神或創造力為止。

在每個地方，總有一些人抱怨他們的環境這也不行，那也不行，他們沒有機會施展自己的才華，但是，就是在相同的條件下，卻也有一些人設法取得了成功，使自己脫穎而出，天下聞名。大量的事實證明，對一個人來說，可能發生的最糟的事，莫過於他的大腦裡總認為自己生來就是個不幸的人，幸運女神總是跟他過不去。其實，在我們自己的思想王國之外，根本就沒有什麼幸運女神。我們是自己的幸運女神，我們自己控制、主宰著自己的命運。

人與人之間其實只存在著一個很小的差異 —— 心態的積極與消極，但這種很小的差異往往造成了人與人之間的天壤之別 —— 有的人非常幸福，而有的人終生不幸。期望獲得幸福者應採取積極的心態，這樣幸福就會被吸引到他們身邊。而那些態度消極的人不僅不會吸引幸福，反而還會排斥幸福，當幸福悄然降臨到他們身邊時，他們可能毫無覺察，或者與幸福失之交臂。

亞伯拉罕・林肯曾經說過：「我一直認為，如果一個人決心想獲得幸福，那麼他就能得到這種幸福。」也許你對這一說法感到非常奇怪，人怎能選擇自己的幸福？但如果你認真分析身邊的成功者和失敗者，你就會發現事實確實如此。

具備勇於嘗試的膽識

　　膽是膽量，識是見識。對於追求成功的人來說，兩者是不可少的，也是不可分的。光有膽量沒有見識，那就只會蠻幹亂幹。

　　許多人學識淵博，技術高超，腦袋靈活，點子多，但就是成不了大事，原因正是他們缺乏膽量。明明看準了的事情，卻不敢下定決心去做，明明想好了的點子，卻不敢付諸實踐。總是猶猶豫豫，優柔寡斷，前怕狼後怕虎，最終自然是想得多，做得少。無數成功者的實踐都證明了，有膽有識的人，才有旺盛的進取心和強烈的鬥志，才能勇於創新，果斷決策，從而實現人生的理想目標。

　　一九五五年，井植歲男曾試圖鼓勵其雇用的園藝師傅自己創業，但這位園藝師傅卻因為缺乏膽量而失去一個致富的機會。

　　有一天，園藝師傅向井植歲男請教說：「社長先生，我看您的事業越做越大，而我就像樹上的一隻蟬，一生都在樹幹上，太沒出息了。請您教我一點創業的祕訣吧！」

　　井植點頭說：「行！我看你比較適合園藝方面的事業。這樣好啦，在我工廠旁有兩萬坪空地，我們合作種樹苗吧！我想種樹苗出售是項有前途的事業。你知道一棵樹苗要多少錢嗎？」

　　「四十元。」

　　井植又說：「好！以一坪地種兩棵計算，扣除走道，兩萬坪地大約可種兩萬五千棵，樹苗的成本剛好是一百萬元。三年後，一棵可以賣多少錢呢？」

　　「大約三千元。」

　　「一百萬元的樹苗成本與肥料費都由我支付，之後的三年，你負責澆

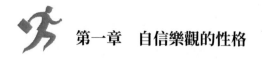

水、除草和施肥工作。三年後，我們就有六百萬元的利潤，那時我們一人一半。」井植歲男認真的說。

不料，那園藝師傅卻拒絕說：「哇！我不敢做那麼大的生意。」

最後，井植只好作罷了。他無可奈何的說：「要創業，必須要有膽識，否則，面對好的機會，不敢去掌握與嘗試，這固然沒有失敗的顧慮，但是卻失去了成功的機會。世上凡事都有風險，如果要成功，必須以膽量和力量去排除風險。」

井植歲男是日本三洋電機公司的創辦人，他在一九四七年創立三洋電機公司時，公司只有二十個人，從一間小廠房起步，到一九三三年，該公司已發展成為一個跨國經營的大企業。

井植歲男性格豪放，決斷大膽，處事單純明快，不拘小節。井植歲男從姐夫的公司走出來自己創立三洋，是其膽識的體現，經過幾十年的艱苦經營，把三洋發展成為世界級的大企業，也是其膽識結出的碩果。

自信能夠產生奇蹟

處在自信中的人，總是充滿極大的熱情和力量。換句話說，處於信心庇護下的人能從許多束縛、妨礙無信心者的擔憂和焦慮中解放出來。他有行動的自由，他的能力也可以自由發揮，而這兩種自由對取得巨大的成就是必不可少的。

一個人的思想被擔憂、焦慮、恐懼或不確定感所束縛和妨礙時，他的大腦就不能有效指揮自己去完成工作。同樣的，當他的身體受到束縛時，他的身體機能也不可能最有效率的開展工作。對困難的腦力工作而言，思想的自由是絕對不可少的。不確定感和懷疑心態是集中心神的兩大敵人，

而集中心神是一切成就的祕密之所在。

《史記‧李將軍列傳》中，講到一個故事：

漢代飛將軍李廣，一日外出打獵，隱約看到遠處草叢裡臥著一隻老虎。他彎弓搭箭，猛力一射，但不見那隻虎有什麼動靜。走近一看，原來隱約看到的那隻虎是塊大石頭，只見整個箭頭都射進石頭中了。之後，他退回原地，幾次再射，但箭頭始終不能再射進去了。

李廣把石頭誤當老虎，不敢輕敵，只想一箭將老虎置於死地，因而憑著臂力和百倍信心，一箭射入石中。後來他知道那只是塊石頭，不會傷人，也知道箭難穿石，於是信心不足，因此再怎麼射也射不進去了。

信心就是這麼重要！

成立於一九二七年的美國布魯金斯學會，曾培養出成千上萬個優秀推銷員。該學會有個慣用的做法，每隔一定的時間，出一道刁鑽的推銷試題，讓學員去「做」。二〇〇〇年的題目是：「請將一把斧頭賣給小布希總統」。天哪，總統要斧頭做什麼？就算要，用得著他親自去買嗎？開什麼玩笑！但是，有位叫赫伯特的人成功了。赫伯特發現小布希家有個小農場，所種的橘子樹死了一些，應該砍掉，小布希又有抽空「務農」的愛好，當作消遣。於是他寫了封信給小布希，說自己有把大小適中的斧頭，是從爺爺一代傳下來的，正好適合總統整理果園。殊不知，小布希果真寄給赫伯特十五美元，於是赫伯特送上斧頭，好一個「一手交錢，一手交貨」。

有人問赫伯特賣斧頭的成功經驗是什麼？他哈哈一笑：「總統也是人，如果把他看得太偉大，太神祕，我就沒有賣斧頭給他的信心了。從一開始，我就認為把斧頭賣給總統是完全有可能的。」

這說明赫伯特非常有自信，不因為有人說某一目標不能實現就放棄，不因為某種事情困難就失去信心。

第一章　自信樂觀的性格

　　自信是一塊偉大的基石。在人們付出努力的所有面向中，自信都能造就奇蹟。誰能估算人們取得偉大成就過程中，信心的巨大作用力？誰又能估算那種有助於消除障礙、有助於克服各種艱鉅困難的自信心的巨大作用力。

　　在《聖經》中，「你的成功取決於你的信心」這一觀念一再被重申。大家知道，正是信心使人們的力量倍增，更使人們的才能增加數倍；而如果沒有信心，你將一事無成。即使是一個強而有力的人，一旦對自己或自己的才能失去信心，那他就會被迅速剝奪一切力量，變得不堪一擊。

　　信心使你堅信自己終會成功。信心能開啟守衛生命真正源泉的大門，正是借助於信心，你才能發掘偉大的內在力量。

　　你的人生是輝煌還是平庸，是偉大還是渺小，與你信心的遠見和力量成正比。許多人不「相信」他們的信心，因為他們不知道信心為何物。他們把信心和幻想或想像混為一談。信心是一種精神或心理能力，這種東西不能被猜測、想像或懷疑，但能被感知；信心能洞悉人生全部的路，而其他心理能力則只看到眼前，不能深謀遠慮。

　　信心能提升一個人，對人們的理想也有十分重大的影響。信心能使我們站得高，看得遠，能使我們站在高山之巔，眺望遠方看到充滿希望的大地。信心是「真理和智慧之光」。

　　如果告訴一個孩子，他將一事無成，他是一個無足輕重的人，無法像其他人取得那些成就，如此毀掉一個孩童的自信心幾乎就是一種犯罪。

　　父母和老師們很少意識到，那些幼小的心靈是多麼的敏感，極為容易受到任何暗示，或被意指他們無能的話語所影響。

　　暗示人的無能所可能導致的個人痛苦和個人悲劇、以及引起的個人失敗，與其他任何事情相比都要多得多。

即使是最好的賽馬，如果信心受到破壞，那牠也不可能贏得獎項。訓練員也非常注意要讓賽馬保持信心，因為賽馬對贏得勝利的信心，是牠最後能否勝出的一個十分重要的因素。

信心能使人力量倍增，使你能充分施展自己的才華。信心是任何時代最偉大的奇蹟製造者。凡是能增強你自信心的東西都能增強你的力量。

世界上成就斐然者的顯著特徵是，他們無不對自己充滿極大的信心，無不相信自己的力量，無不對人類的未來充滿信心。而那些沒有做出多少成績的人，其顯著特徵則是缺乏信心，正是這種信心的喪失使得他們卑微怯懦、唯唯諾諾。

堅決相信自己，絕不容許任何事物動搖自己有朝一日必定會在事業上取得成功的信念，這是所有取得偉大成就的人士的基本特質。大幅推進了人類文明的人們絕大多數在一開始時都落魄潦倒，並經歷了多年的黑暗歲月，在這些歲月裡，他們看不到事業有成的任何希望。但是，他們毫不氣餒，繼續兢兢業業的刻苦努力，相信終有一天會柳暗花明、事業有成。想一想這種充滿希望和信心的心態對世界上那些偉大創造者的作用吧！在光明時刻到來之前，他們當中有多少人在枯燥無味的苦苦索求中煎熬了多少年呀！要不是他們的信心、希望和鍥而不捨的努力，這種事業有成的光明時刻也許永遠不會到來。

信心也需要你在不屈不撓的奮鬥中慢慢培養出來。信心是天才的最佳替代品。事實上，信心與天才是近親，它們經常攜手而來。信心也是每一項成就的偉大領航者，它給你指明了通向成功、走向輝煌的道路。信心更是知曉一切的本能，因為它能看見人們身上的發展前途。在敦促我們成就大業上，信心絕不會有絲毫猶豫，因為它看到了你身上能夠成就大業的潛能。

第一章　自信樂觀的性格

　　信心，有時候又讓人感到難以捉摸。這種使人忠於職守，使人在極其艱難困苦、令人心碎的形勢下，仍然鼓起勇氣、懷有希望的信心到底是什麼呢？這種使人堅毅、甚至心甘情願忍受各種痛苦和貧窮折磨的信心又是什麼呢？這種使人即使在一文不名之後、在他的家人和最心愛的人誤解或不信任他的時候，也能堅持住並贏回他人信任的信心又是什麼呢？這種使人堅持和振作，因而能忍受一切磨難的信心又是什麼呢？要是沒有這種信心，這些磨難可能足以讓他死一百次。世人總是對那些明顯已喪失一切、卻仍然對他們全身心投入的事業抱有信心的英雄們驚訝不已。

　　信心能促使你去行動。信心是一個導遊，它幫我們開啟緊閉的大門，它能看到障礙背後的光明前景，它幫我們指點迷津，而那些精神能力稍差的人是看不到這條光明大道的。促成那些偉大發現的往往是高貴的信心而非任何懷疑或畏難的情緒。是信心，高貴的信心一直在造就偉大的發明家和工程師，以及各行各業中辛勤努力而成就斐然的人們。

　　那些對將來絲毫不存恐懼之心的年輕人往往都是深信自己能力的人。自信不僅僅只是困難的剋星，自信還是貧苦人的朋友，也是貧苦人最好的資本。沒有資產但有巨大自信心的人往往能創造奇蹟，而光有資產卻沒有信心的人則常常招致失敗。

　　缺乏信心的人努力程度總是有限，甚至在快達到成功時又放棄了，這不能不說是人生的一大損失。

微笑面對挫折

生活中總是不乏這樣一種人，他們似乎對任何事都缺乏熱情，甚至對生命本身也缺乏激情，總是露出一副失望的模樣，究竟是什麼使他們如此不快呢？

除非一個人的上進心遭受巨大的挫折，或因為某種原因，沒有在生活中找到適合自己的位置，否則他是不會失去生活的樂趣，也不會對工作抱持無所謂的態度的。當我們發現一個人充滿失落和焦慮時，我們可以肯定，這個人在生活中一定是碰了釘子，或是沒能實現自己的願望。

總之，由於某些原因，他覺得自己被理想欺騙了。一旦上進心受挫，本來很正常的天性也會受到扭曲。當一個人的夢想破滅時，他一定會感到十分痛苦和悔恨。意識到自己具備某種能力，卻由於環境所迫，只得年復一年做著自己討厭的苦工，這需要多大的勇氣啊！

意識到自己根本不可能實現心中的夢想，想到剩下的日子裡只能自得其樂，想到自己對身邊所愛的人只能提供有限的幫助，還要默默忍受那些令人心痛的失望、甚至是絕望，這些都是對人類心靈和意志力的極大考驗。

我們可以很輕鬆的批評別人一事無成，但是與我們自己相比，或許那個失敗者也是一個英雄。我們並不知道他們的心靈經歷過怎樣的痛苦，上進心遭受了怎樣的折磨，他們又忍受了多少希望破滅的痛苦。在難以實現心中的渴望、甚至在受傷的靈魂還沒有治癒的情況下，他們仍然得一步一步走下去，這是多麼巨大的苦痛啊！

有一位個性迷人的漂亮女子，她有著音樂天賦和極佳的嗓音。然而，由於她的丈夫認為音樂只能作為一種業餘愛好，所以她不敢在丈夫面前提及音樂。

第一章　自信樂觀的性格

　　所有的朋友都認為她浪費這項天賦是一種罪過。可是她丈夫卻打從心底不願意看到她接受正規的訓練，以發揮音樂方面的天賦與潛力。這個女人的上進心自然受到了沉重的打擊。

　　她只得盡力去尋找其他方面的快樂，以承擔自己身為妻子的責任。但是，那些真正理解她的人都認為她的才能正在被慢慢扼殺，她的進取心也在被慢慢摧毀。

　　有什麼比扼殺一個人的天賦更為殘酷的呢？這種天賦也許既可以作為我們的終身愛好，又可以讓我們取得成功。又有什麼比壓抑神聖的進取心更為罪惡的事情呢？有什麼比使一個想要快樂的人感到痛苦，剝奪他完成自己使命的權力更為殘酷的事情呢？但是，卻有千千萬萬的丈夫正在做這樣的事情。更令人奇怪的是，他們倒還在那裡奇怪，為什麼自己的妻子總是無法充滿活力，總是不能快樂、滿懷希望？

　　許多丈夫在家裡並不只想到自己，不少人還認為自己很慷慨。但他們卻過於看重自己的事務和野心，甚至在潛意識裡還認為妻子只是他們的附屬品而已。就這樣在家庭裡，由於個人強烈的進取心，使自己反而經常忽視家庭成員之間的公平。

　　還有更可悲的事情，那就是有些人為了滿足自己的私欲而去犧牲別人的利益，為了獲得名聲和享受而不惜一切代價。

　　許多婦女可以把自己的悲傷和失望巧妙的掩蓋起來，但這種失望會伴隨她們一生。被迫放棄自己的事業與理想，對一個人的打擊是非常沉重的，而且這種打擊所產生的不良影響往往很難恢復。這種被剝奪追求理想權力的人幾乎隨處可見，他們已成了沒有上進心的弱者。埃拉‧威爾科克斯（Ella Wheeler Wilcox）曾經對那些由於上進心受挫而感到失望的人說：「不要浪費力氣怨恨生活。去尋找那些你喜歡的事情來做吧！透過付

出努力，以達到自己的目的。應該高高興興的過好每一天。因為思考模式也會養成一種習慣，如果你長時間沉浸在苦悶之中，你就不可能在某一刻突然快樂起來。」

你應該抱持這樣一種信念，世上有一項非你莫屬的任務等待著你去完成，沒有人可以取代你，因為每個人都有自己的任務。如果你沒有進入自己的角色，這個世界便是不完整的。一個人只有在感受到這種無法推卸之責任的壓力時，才更容易實現自己的價值。如此一來，生命也被賦予了新的意義。

約翰‧盧伯克（John Lubbock）說：「幾乎沒有人理解獲得生命的幸運，沒有人真正體會到我們所存在的世界的壯麗，沒有人知道我們想要自己變成什麼樣子，也沒有人清楚我們掌握著巨大的、對這個世界來說極其重要的力量。」

我們的生命中擁有一些遙遠的目標，拚盡全力去爭取這些目標固然是對的，但也不能因此而忽略許多幫助別人度過難關，或是感受日常生活之美的機會。

人類的使命是追求不斷的進步，實現安寧和平，並使人們得到滿足。一個人的上進心對於社會來說，常常意味著更多的東西。它意味著我們在不斷推進目標，我們的思考也一天比一天深入，我們對自己和他人更有信心。上進心的真正意義就在於，它使人類沒有辜負上帝創造人的目的，能為每個人帶來歡樂。

在所有不朽的成功人士中，有一些名字是不為人們所知的。儘管他們或出身卑微，或身患殘疾，或飽受折磨，但是他們憑藉堅強的意志和不屈不撓的精神，勇敢挑起了生活重擔，充分挖掘出了自身的無限潛能，從而創造出別人所難以企及的輝煌。

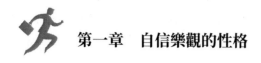

善於調整自己的心態

　　成功人士善於調整心態。因為他們知道心態是人情緒和意志的控制塔，是心態決定了行為的方向與優劣。我們可以做一個簡單的實驗：

　　在一個大教室裡，你的周圍有熟人、朋友，也有不認識的人。如果要求每一個人與四周的人握手致意，大家會怎麼做呢？有的熱情，有的勉強，有的做得好，有的做得不好；有的就只找認識的人，否則就不願做……。

　　握手應該人人都會吧，既不需要知識、閱歷，更與智商技能無關，卻仍然有高下之分，因人而異，就因為握手的對象不同時，你的心態不同。

　　心態就是內心的想法，是一種思考的習慣狀態。荀子說：「心者，形之君也，而神明之主也。」意即，「心」是身體的主宰，是精神的領導。

　　古人說：「哀莫大於心死。」又說：「兵強於心而不強於力。」這都是在強調心態的重要性。生活中隨時可見不同的人對同樣一件事持有不同的看法，並且都能成立，都合邏輯。比如同樣是半杯水，有人說杯子是半空的，而另一個人則說杯子是半滿的。水沒有變，不同的只是心態。心態不同，觀察和感知事物的重點就不同，對資訊的選擇就不同，因而看見的環境與世界都不同。心態給人帶上了有色眼鏡和固定頻率的耳機，於是人們只看到和聽到他們「想」看和「想」聽的。

　　從這個意義上說，我們的境遇並不完全是由周圍的環境造成的。

　　文天祥被俘後，元朝統治者費盡心機勸降，均告失敗。於是重枷大鐐，把文天祥囚禁起來，企圖透過肉體折磨使他屈服，一關就是四年。

　　文天祥所處的牢房，是一間低矮狹小、昏暗潮溼的小屋，老鼠成群，惡臭四溢；夏秋之際，度日尤為艱難。「或時日杲杲，或時雨淋淋。方如坐蒸

甄，又似立烘燵，水火交相襌，益熱與益深。酷罰毒我膚，深憂煩我襟。」

　　但這種皮肉之痛，文天祥等間視之，絲毫沒有動搖報國的堅強意志。他在被囚中吟哦不絕，以詩歌作為反抗的武器，「如金百煉而益勁。」

　　文天祥最終視死如歸，捨生取義，實踐了自己「人生自古誰無死，留取丹心照汗青」的偉大誓言。後人贊道：「忠肝義膽不可狀，要與人間留好樣。」這就是文天祥的心態，文天祥的選擇。

　　而猶太裔心理學家法蘭克（Viktor Emil Frankl）在二戰期間曾被關進奧斯威辛集中營三年，身心遭受極度摧殘，境遇極其悲慘。他的家人幾乎全部死於非命，而他自己也幾次險遭毒氣等殘殺。但他仍然不懈於客觀觀察、研究著那些每日每時都面臨死亡的人們，包括他自己。在親身經歷的囚徒生活中，他還發現了佛洛伊德的錯誤。身為該學派的繼承人，他反駁了自己的祖師爺。

　　佛洛伊德認為：人只有在健康的時候，心態和行為才千差萬別；而當人們爭奪食物的時候，他們就露出了動物的本性，所以行為幾乎無從區別。

　　而法蘭克卻說：「在集中營中我所見到的人，完全與之相反。雖然所有的囚徒都被拋入完全相同的環境，但有的人消沉頹廢下去，有的人卻如同聖人一般越站越高。」

　　有一天，當他赤身獨處四室時，忽然頓悟了一種「人類終極自由」，這種心靈的自由是納粹無論如何也永遠無法剝奪的。也就是說，他可以自行決定外界的刺激對本身的影響程度。因此「什麼樣的飢餓和拷打都能忍受」。「在任何特定的環境中，人們還有一種最後的自由，就是選擇自己的態度。」這也就可以解釋，為什麼有的高僧一年四季只穿件單薄的袖衣而無嚴寒酷暑之苦；高士偉人鎮定自若，「泰山崩於前而色不變，猛虎趨

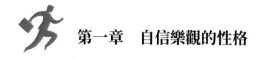

第一章 自信樂觀的性格

於後而心不驚」；關羽中毒箭時，華佗為其無麻醉刮骨，錚錚有聲，而關公一邊接受「治療」，一邊談笑風生，與人對弈。這完全驗證了「幡動？心動！」的禪門機鋒。說到底，環境對人的影響程度，完全取決於自己；如何看待人生，也完全由自己決定，由我們的心態決定。

深禪師和明和尚雲遊四方，這天夕陽西下，他們來到了淮河邊上。

一個漁人正在收網，滿河的水都被夕陽映紅了，那些入了網的魚兒跳躍著，閃閃發光。

漁人邊拉網邊說道：

「罪過罪過，在師父們面前做這種活兒。」

明和尚閉目說道：

「俗家也要養家活口，阿彌陀佛！」

忽然，有條魚兒身子一躍過網，彷彿箭一般跳入水中。

深禪師看在眼裡，對明和尚說道：「明兄，真機靈啊！牠完全像個禪僧。」

明和尚對著那泛起漣漪的水面，回答道：「雖然這樣，還不如當初別撞進羅網裡更好。」

深禪師笑了起來，說：「明兄，你省悟得還不夠呢。」

明和尚一直不明深禪師的話，半夜仍在河邊徘徊思索。

河水閃著幽幽的光靜靜向前流去 —— 是了，是了，那魚兒進了網裡與沒進網裡，只是外在的區別，實質上絲毫沒變啊！

正如托尼‧羅賓斯（Tony Robbins）所說：「除非我的意識同意，否則任何事物都無法影響我！」

心態更能使人做出超常的行為。

戰國時衛國有一個叫彌子瑕的人，因為長得俊美而深得衛王寵愛，被

任命為侍臣，隨駕左右。有一次，彌子瑕因為母親生病，就私駕衛王的馬車回家探視。按當時衛國的法律，私下使用大王車馬者，當處以斬斷雙腳的刑罰。

衛王知道此事後，不但沒有處罰彌子瑕，反而稱讚他：

「子瑕真孝順啊！為了生母的病，竟然忘了刑律。」

又有一天，彌子瑕陪同衛王遊果園，彌子瑕摘下一個桃子，吃了一半，另一半獻給衛王。衛王高興的說：

「子瑕真愛我啊！好吃的桃子不願獨享，獻給我吃。」

多年以後，彌子瑕年老色衰，衛王就不喜歡他了。有一次，彌子瑕因小事不慎，衛王就生氣的說：「彌子瑕曾經私駕我的車，還拿吃剩的桃子給我吃。」在數落彌子瑕的罪狀之後，就罷免了他。

衛王對彌子瑕同一樁事情前後的不同態度，就是因為衛王的心態不同了。「情人眼裡出西施」、「愛屋及烏」，這些反常的舉動，就是心態在起作用。

相信自己是最優秀的

有這樣一個動人的傳說：

古希臘的大哲學家蘇格拉底（Socrates）在臨終前有一個不小的遺憾 —— 他多年的得力助手，居然在半年多的時間裡沒能為他尋找到一個優秀的閉門弟子。

事情是這樣的：蘇格拉底在風燭殘年之際，知道自己時日不多了，就想考驗和點化一下他那位平時看來很不錯的助手。他把助手叫到床前說：「我的蠟燭所剩不多了，得找另一根蠟燭接著點下去，你明白我的意思嗎？」

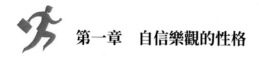

第一章　自信樂觀的性格

「明白，」那位助手趕快說，「您的思想光輝得完整傳承下去……」

「可是，」蘇格拉底慢悠悠的說，「我需要一位優秀的傳人，他不但要有相當的智慧，還必須有充分的信心和非凡的勇氣……這樣的人選直到目前我還沒有見到，你幫我尋找和發掘一位好嗎？」

「好的，好的。」助手很溫順、尊重的說，「我一定竭盡全力去尋找，不辜負您的栽培和信任。」

蘇格拉底笑了笑，沒再說什麼。

那位忠誠而勤奮的助手，不辭辛勞透過各種管道，開始四處尋找了。可他領來一位又一位，總被蘇格拉底一一婉言謝絕。有一次，當那位助手再次無功而返，回到蘇格拉底病床前時，病入膏肓的蘇格拉底硬撐著坐起來，撫著那位助手的肩膀說：「真是辛苦你了，不過，你找來的那些人，其實還不如你……」他笑笑，不再說話。

半年之後，蘇格拉底眼看就要告別人世，最優秀的人選還是沒有眉目。助手非常慚愧，淚流滿面的坐在病床邊，語氣沉重的說：「我真對不起您，令您失望了！」

「失望的是我，對不起的卻是你自己。」蘇格拉底說到這裡，很失意的閉上眼睛，停頓了許久，才又不無哀怨的說，「本來，最優秀的人就是你自己，只是你不敢相信自己，才把自己給忽略了，不知道如何發掘和重用自己……」話沒說完，一代哲人永遠離開了他曾經深切關注著的這個世界。

那位助手非常後悔，甚至悔恨、自責了後半生。

雖然這只是一個傳說，但其中深刻的寓意卻讓我們每一個人感慨至今。

每個嚮往成功、不甘沉淪者，都應該牢記先哲的這句至理名言：「最優秀的人就是你自己！」

自信，使不可能成為可能，使可能變為現實。

缺乏自信的人總是把許多事情想得很難。如果你總是想著問題會阻礙並擊敗你，總是想倘若再試一下的話，肯定會再遭創傷，那麼你就會在頭腦中形成另一種壓抑性的思想：「我做不到，這對我沒有什麼用。」一個消極的自我形象將會成為你的思想牢籠的另一道欄杆。

用有力的自信的斷言來打破這條鎖鏈吧！

「只要我相信，我什麼事都能做到。」

一個旅遊者走到一個碼頭邊，看到漁夫正在拉上一條大魚，他量了量長度，就把魚扔回了水裡。他又抓到了一條魚，這回的小了一點，量了量，把牠扔進了自己的魚桶裡。奇怪，他抓到的十英寸或者更大的魚都被他扔掉了，而小於十英寸的魚卻被留下了。好奇的旁觀者滿心狐疑，問：「對不起，為什麼你留下了小魚而扔掉了大魚呢？」那個老頭抬頭看了看，眼睛眨也不眨的回答：「為什麼？因為我的煎鍋尺寸只有十英寸。」

愚蠢嗎？當然。但如果因閱歷有限、缺少自信而無法抓到上帝賦予的機會，從而丟棄了頭腦中最大的主意和最美好的夢想，那麼，你比他還要愚蠢。

現在起，開始成長吧。想得遠一些。大器的人才能做大事，小器的人無法做大事。

你能成為你想成為的人。這是可能的。在你開始試著從「凡事不可能」的思想牢籠中擺脫出來的時候，你會發現這一點。

美好的生活就在你眼前。加入這支令人興奮的隊伍吧，他們都是精力充沛、充滿活力、朝氣蓬勃、抱著「凡事都可能」想法的人。

第一章　自信樂觀的性格

第二章
聰慧理智的性格

做一個聰慧理智的人，就不會在什麼都還沒有準備好的情況下貿然去做，而是會在深思熟慮、有完全的把握之後去付出行動。所以，具備聰慧理智性格的人在生活中應該設想到位之後就去做。而現實中的有些人則不然，他們在沒有具體思考之前，就開始出手，這種性格是成事之大忌，不是成功者應該具有的性格。

勇於衝破世俗觀念

　　每一個人做事，不僅要選擇那些適合自己的事業，而且需要獨具慧眼，勇於衝破世俗觀念，選擇更適合自己的，更有利於發展自己的長處，更有益於使自己走向成功的事業。

　　麥克與迪克兩兄弟（McDonald brothers）是速食業的開創者，可以說是麥氏兄弟家族開創了速食的事業。

　　麥氏兄弟的父親是位製鞋工人。兄弟倆高中畢業的時候，正值美國經濟大蕭條。當時不少小型企業都面臨倒閉的困境。當然，他父親所在的工廠也難逃厄運。兄弟倆畢業後不能繼承父業，只好離家外出尋找新的就業機會。

　　後來他們選擇了經營汽車餐廳。當時，美國的餐飲業都是小本經營的，特點是家庭傳統經營，一代代往下傳，沒有什麼突破。麥氏家族上一代人中沒有人經營過餐廳，也沒有相關的經驗和開創速食業的背景。正因為如此，他們的腦中沒有什麼既定框架。可能這也就是為什麼他們可以在傳統的餐飲服務業中進行開創性革命的原因之一。

　　一九三七年，在美國洛杉磯東部帕薩迪納，一間小小的汽車餐廳開張了。這是一間小得不能再小的餐廳了。兄弟倆自己煎著熱狗，調著牛奶，準備了十幾把帶有遮陽傘的椅子，還雇了三個年輕人，讓他們到停車場招攬客人。

　　當時在美國，汽車已經比較普及。開車路過的人，到汽車餐廳買個熱狗、飲料，急匆匆吃一點就忙著趕路。汽車工業的發展也帶動了相關產業，如速食業的生存和發展。麥氏兄弟倆的餐館生意做得不錯，一九四〇年，他們又開了一間更大的汽車餐廳。

這間餐廳與當地其他汽車餐廳在經營特色上有些不同。餐廳裡沒有桌子，只有幾隻凳子。這座造型十分奇特的建築和開放式的廚房引起了人們的好奇。在開張後的幾年，這裡成了當地人、特別是年輕人最愛去的地方。

正是這間餐廳，使兄弟倆成為當地的新貴。他們倆每人擁有年均五萬美元的收入，這足以使他們進人當地的上流社會了。

不久，城裡類似的汽車餐廳也逐漸多起來了，並且，雇用服務員也變得困難了。由於餐館越來越多，相互競爭也越來越激烈，那些服務員自認奇貨可居，所以要求的報酬很高，而且經常不服從命令。如果不是麥氏兄弟在汽車餐飲業裡累積了一些經驗，或許也是因為對餐飲業還很有一點感情，他們早就打退堂鼓了。

兄弟倆發現，汽車餐廳在經營上有一個盲點：人們一聽到汽車餐廳，就會聯想到這是一種出售廉價食品的地方。然而，食品成本和勞動力成本都不斷上漲，生意實際上很難做下去。

因此，兄弟倆想進行一項別的經營者想都不敢想的改革。他們透過對幾年來經營收人的分析研究，發現有六成的收入來自漢堡，而不是排骨，儘管他們在排骨上做的廣告比漢堡多得多。於是，他們把漢堡改為現場製作，並將肉餡一類的熟食加人漢堡中。就是這樣一個誰都沒想到的改革，推動了世界速食業的一場巨大的革命！

所以，勇於衝破世俗觀念的性格是一個人身上突破各種條條框框、找到創新之路的基點。許多人正是因為不具備這種個性，所以永遠都是抱著佛腳！

善於應用逆向思維

一九六〇年代中期，在福特的分公司任副總經理的艾科卡（Lido Anthony Iacocca）正在尋求方法，改善公司業績。他認為，要達到該目的的關鍵，在於推出一款設計大膽、能引起大眾廣泛興趣的新型小汽車。他認定最終決定成敗的人正是顧客，並開始擬定計畫。

下面就是艾科卡從顧客著手，反向推回到新車設計的步驟：

顧客買車的唯一途徑是試車。要讓潛在顧客試車，就必須把車放進汽車經銷商的展示室中。吸引經銷商的辦法是對新車進行大規模、富有吸引力的商業推廣，使經銷商本人對新車型熱情高漲。說得實際點，他必須在行銷活動開始前做好小汽車，送進經銷商的展車室。

為達到這一目的，他需要得到公司市場行銷和生產部門百分之百的支持。同時，他也意識到生產汽車模型所需的廠商、人力、設備及原材料，都得由公司的高級行政人員決定。艾科卡一個不漏的確定必須徵求同意的人員名單後，就將整個過程倒過來，從頭向前推進。

幾個月後，艾科卡的新型車 —— 野馬從生產線上產出來了，並在一九六〇年代風行一時。它的成功也使艾科卡在福特公司一躍成為整個小汽車和卡車集團的副總裁。

有一個成功者曾經說過，我們每個人一生中的大部分成就其實都受制於形形色色的人，取決於他們的思考、個性。他們就是你成功路上的守衛，在放行前必須對你的計畫、產品、思想及求職的要求，乃至你的長相和性格說一聲「通過」。

逆向思維就是要鼓動那些站在你和目標之間的守衛，他們沿途攔截，每一位都有權決定要不要放你走入計畫的下一階段。

要想讓守衛同意通過，必須找出促使他們開門放行的原因。最佳辦法是直接去問，徵求他們的建議和看法，也可以向經常與他們打交道的人諮詢。

逆向思維的一個基本要素就是分出階段性重點。如此一來，你就不得不將長遠目標和近期目標清楚區分開來，然後再將逆向思維分別應用到每一個目標裡。

如果你說的是四十歲想成為企業總裁等等的目標，這樣是不夠的。這個目標太過遙遠，逆向思維不能得以有效發揮。你必須瞄準所要取得的具體成績，這些成績才是助你步入更上一層的高明戰術。

你必須縮小你的範圍。你想為自己樹立怎樣的聲譽？想對公司或整個產業做出何種改變？在前進的道路上，你想擁有哪些特別的工作經驗？你想在哪裡工作，與哪些人共事？以上這些問題的回答為逆向思維提供了十分具體的目標。

在考慮上述問題的同時，要將長遠目標分成一系列明確目標。目標越集中，逆向思維越有效，為達到目標所需徵得同意的人就越少，整個過程花的時間就會更短。

逆向思維的性格表現在：首先要設定一個可以達到的目標，然後從目標倒過來往回想，直至你現在所處的位置，弄清楚一路上要跨越哪些關口或障礙、是誰把守著這些關口。從最終目標出發倒回來進行逆向思維，就能獲得前進的路線圖。

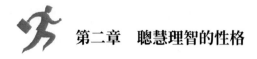

換一個角度看問題

　　愛因斯坦（Albert Einstein）的成功，不是因為他比其他人更聰明，而是因為他與其他人看問題的角度不同。

　　愛因斯坦很喜歡在工作之餘與他的兒子一起嬉戲，有一次他的兒子突然問他：「爸爸，你是不是很聰明？」愛因斯坦感到很奇怪，便反問兒子：「你為什麼問這個問題？」兒子說：「我們老師說你是世界上最偉大的科學家，只有你發現了相對論，我想如果你沒有比其他人聰明的話，為什麼他們沒有發現相對論？」

　　愛因斯坦聽後，微笑著說：「不是我比其他人更聰明，只是我與其他人看問題的角度不同。這就像一隻甲蟲在一個籃球上爬行，由於牠看到的世界都是扁平的，牠永遠不會知道自己是在一個有限的球體上爬行，還以為是在征服一個無限的世界。如果這時候飛來一隻蜜蜂，牠一眼就會看出甲蟲是在一個有限的球體上爬行，因為蜜蜂的視覺是立體的，這對牠來說是輕而易舉的事情。而你爸爸恰好就是那一隻蜜蜂，所以我發現了相對論。」望著兒子似懂非懂的神情，愛因斯坦忍不住哈哈大笑。

　　事實確實如此。科學家做出造福人類的科學發明，政治家發起推動歷史的政治革命，並不一定是他們在智力上比我們聰明多少，學識上淵博多少，而在於他們看問題的角度比我們巧妙，思考問題的方法比我們新穎。

　　一九四〇年代，匈牙利人發明了原子筆，由於它易於書寫、便於攜帶，所以一經問世便風靡全球，這位匈牙利的發明家因此發了財。然而好景不長，這種原子筆使用一段時間就會出現漏水的毛病，常常弄髒了紙張及衣袋。因此上市一兩年後就出現了銷售危機。

　　原子筆發明者及許許多多研究圓珠筆的人對於漏油問題都進行了反

覆、深入的研究，大家都發現了問題出在鋼珠書寫時受到磨損，墨水就從磨損部位漏出來。許多人為此絞盡腦汁，卻毫無成果，原因是大家都把注意力集中在問題根源 —— 筆珠的研究上，拚命努力想提高鋼珠的耐磨性。當他們把鋼珠的耐磨性改善了，卻出現了筆珠與筆桿接觸的耐磨問題，顧此失彼，問題一直未能解決。

日本人中田藤三郎早就意識到原子筆是個有發展前途的商品，如果能改進它的漏水問題，將會獲得比匈牙利的發明者更大的財富。於是他也開始研究這個問題。中田分析了原子筆的結構及出毛病的原因，也研究了許多人對於改進漏水問題的失敗，最後，他採取了逆向思維法，獲得了成功。他再三聲明他推出的新型原子筆絕不會漏油，消費者使用後證實也如此，因此，這種圓珠筆一舉占領了世界圓珠筆市場，中田獲得了遠比匈牙利的發明者更多的財富。中田的做法是在筆芯上做修正。他透過反覆實驗，統計原子筆開始漏水時能寫到的字數，在掌握這個數字的基礎上，他著手把筆芯的墨水量減少，在原子筆磨損而開始漏水之前，筆芯中的墨水已經用完了，如此一來，便再也無水可漏了。

筆芯的水用完了，可以換支筆芯，原子筆可繼續使用。就這樣，中田巧妙解決了漏水問題。而看來巧妙，無非就是換一個角度想問題。

日本南極探險隊第一次準備在南極過冬，便設法用運輸船把汽油運到過冬地點。由於準備不充分，在實地操作中發現輸油管的長度根本不夠，也一下子找不出另外備用和可以替代使用的管子。再從日本去運，那時間需要接近兩個月。怎麼辦？這下子把所有隊員給難倒了。大家你看看我，我看看你，毫無辦法。

這時候，隊長突然產生了一個很奇特的發想，他說：「我們用冰來做管子吧。」冰在南極是最豐富的東西，但怎樣使冰變成管狀呢？很多人還

是一頭霧水。隊長又說：「我們不是有醫療用的繃帶嗎？就把它纏在已有的鐵管上，上面淋上水讓它結成冰，然後拔出鐵管，這不就成了冰管子了嗎？然後把它們一截一截連起來，要多長就有多長。」

許多人想到的輸油管，必定是鐵管鋼管，這位隊長的聰明之處，在於換了一個角度進行思考：只要是管狀的東西，就可以輸油，為什麼非要鐵管呢？南極的冰不是照樣能做成管狀嗎？

伊朗有個商人叫阿桑，為人厚道，也樂於助人。有一天，服裝商人加伊來拜訪阿桑，阿桑熱情接待了他。酒足飯飽之後，加伊仍然不走。問起近況，加伊嘆口氣說：「唉，有了現成的生意，卻缺少本錢！」

阿桑關心問：「缺多少錢？」

加伊開口就要兩千金幣，阿桑慷慨答應了。加伊馬上寫了借據，拿了錢，千恩萬謝的回家了。

過了幾天，妻子詢問借錢的事，要看借據。阿桑翻箱倒櫃，找遍了整個屋子，借據蹤跡全無。俗話說，害人之心不可有，防人之心不可無。妻子便提醒阿桑：「沒有了借據，萬一將來加伊賴帳怎麼辦？」阿桑心裡也有些著急。

第二天，阿桑去找好友拉斯列丁幫忙想個辦法。拉斯列丁問道：「加伊借錢的時候有沒有外人在旁邊呢？」

「沒有。」阿桑搖頭。

「借錢的期限是多久呢？」拉斯列丁又問。

「一年。」阿桑伸出一個指頭。

拉斯列丁略一思索，便說道：「有辦法了。你馬上寫封信給加伊，催他儘快歸還你的兩千五百金幣。」

阿桑不解，問：「我只借他兩千金幣呀！」拉斯列丁笑著說：「我忠

厚的朋友啊，你必須這樣寫才行！他不會傻傻的真還你這麼多的金幣，肯定會回信給你，說他只欠你兩千金幣。這樣一來，你手頭不就有證據了嗎？」

阿桑回家後，照此辦理。果然，三天後，加伊回信說，他只借去了兩千金幣，阿桑在家以逸待勞，重新又得到了加伊的借據。

換做是你，會想到如此絕妙的主意嗎？

逆向思考是我們常用的一種換角度看問題的方法，透過從反面提出問題、思索問題和解決問題，從而達到成功的目的。

周瑜令諸葛亮十天內造二十萬支箭，諸葛亮竟一口承諾三天後交貨。按當時的技術條件，工匠們在三天內是無論如何也造不出二十萬支箭的。周瑜心想：這麼短的時間，你諸葛亮一定交不了差。誰知諸葛亮根本沒想去「造」，卻倒過來考慮「不造」，從敵軍手中巧取足夠的箭。

諸葛亮「草船借箭」的成功，用的正是逆向思考。

用刀削鉛筆，動刀不動筆。反過來，動筆不動刀，於是就有了削鉛筆機。振動產生聲音，很多人都知道。但反過來，聲音也能引起振動，這並不是人人都能想到的。有人就利用這一點，發明了留聲機。人走樓梯，人動樓梯不動。如果不使用逆向思考，那麼至今也不會有電梯來幫助我們爬樓登高。

逆向思考可以針對某個思考結果展開創意。一九一八年，丹麥物理學家奧斯特（Hans Christian Ørsted）發現通電導線的周圍存在磁場。這個消息傳到英國物理學家法拉第（Michael Faraday）的耳中。法拉第想：既然電能生磁，那麼磁能不能倒過來生電呢？順著這個逆向思考的方向，他堅持十年的研究，終於證實了自己的想法。後來的發電機就是根據他的電磁感應原理製造成功的。

敏銳識別身邊的機遇

一個善於利用機遇的人會認為：如果你能像發現別人的缺點一樣快速發現機遇的話，那就能迅速取得成功。他會經常對自己講：「機遇來了，抓住它」，慢慢的，就會成為一種性格，從而真的抓住機會。

柏克是一位移民到美國、以寫作為生的作家，他在美國創立了一家以撰寫短篇傳記為主的公司，並雇有六人。

有一天晚上他在歌劇院，發現節目表印製得非常差，也太大，使用起來非常不方便，而且一點吸引力也沒有。當時他就興起念頭，要印製面積較小、使用方便、美觀，而且文字更吸引人的節目表。

於是，第二天他準備了一份自行設計的節目表樣本，給劇院經理過目，說他不但願意提供品質較佳的節目表，而且完全免費，以便取得獨家印製權；而節目表中的廣告收入，足以彌補這些成本，並且能使他獲利。

劇院經理同意使用他的新節目表。柏克很快和城內所有的歌劇院都簽了約，這門生意欣欣向榮，最後他們擴大營業項目，並且創辦了好幾份雜誌，而柏克也在此時成為《婦女家庭雜誌》的主編。

機遇對任何人都是平等、公正的。就看誰抓得準、用得好。其實，在下面的例子中，眾多的英國工商企業也不是沒抓準機遇，只是不如生產簡易望遠鏡的那位老闆機遇抓得準罷了。說到底，還是那位老闆比別人研究得更細一層，他看準了那一天人們最大的需求、最需要的東西 —— 望遠鏡。

故事發生在一九八一年，英國王子查爾斯（Charles, Prince of Wales）和黛安娜（Diana, Princess of Wales）要在倫敦舉行耗資十億英鎊、轟動全世界的婚禮。消息傳開，倫敦城內及英國各地眾多工商企業

都絞盡腦汁想利用這個千載難逢的發財機遇。有的在糖果盒印上王子和王妃的照片，有的在各式服裝印上王子和王妃結婚時的圖案。

盛典之時，將有百萬以上的人觀看，而一半以上的人由於距離遠，無法一睹王妃尊容和典禮盛況。這些人當下最需要的不是購買一枚紀念章、買一盒印有王子和王妃照片的糖，而是一副能使他看清人和景物的望遠鏡。

於是，望遠鏡公司突擊生產了幾十萬副馬糞紙和放大鏡片製成的簡易望遠鏡。那一天，正當成千上萬的人由於距離太遠看不清王妃的麗容和典禮盛況、急得抓耳撓腮之際，千百個孩童突然出現在人群中，高聲喊道：「賣望遠鏡了，一英鎊一個！請用一英鎊看婚禮盛典！」頃刻間，幾十萬副望遠鏡被搶購一空。不用說，這位老闆發了筆大財！

所以，卡內基（Andrew Carnegie）認為，一個企業家關鍵時刻一定要抓住機遇，更深一層的研究、利用機遇。同樣的機遇誰都可以利用，但能把機遇利用得最好的，畢竟只是少數。想勝人一籌，就必須在思考分析上高人一籌。其實，也不過是在大眾需求和心理分析上研究得更細一點，更深入一點，掌握得更準一點，而且經常需要與特定情境周遭的狀況連繫起來。

勇於戰勝困難

一個人如果不具備戰勝困難的性格，就如同磨刀沒有磨刀石一樣。換句話說，人沒有經歷艱難困苦，哪裡有偉大可言？

困難可以誘發人們生命中的堅忍潛力，危險可以開啟生命中勇敢的潛力，這兩者都能使生命發出光芒。而困難越多，危險越大，隨之而來的成功、觸發的生命光芒也越大。

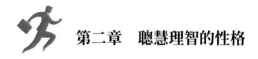

第二章　聰慧理智的性格

生活中，每個人都會遭遇困難險阻，能戰勝它的是英雄，不能戰勝它則是凡夫。俗話說：「不磨不成玉，不苦不成人。」在困難面前，你絕不能俯首貼耳，屈服於它，只要憑勇猛奮起的性格把它打到屈服在你的腳下，你自然就是勝利者了。

威瑪‧魯道夫（Wilma Glodean Rudolph）這個奧運傳奇人物出生於一九四〇年六月二十三日，是美國田納西州一個鐵路工人家庭的孩子。小時候因為肺炎和猩紅熱，引發高燒造成小兒麻痺，使得她的左腿萎縮無法走路，必須靠著支架和矯正鞋才能勉強行走。十歲以前，她必須穿上鐵鞋才能勉強跟著別人走路。十一歲時，她第一次把矯正鞋脫掉，打赤腳跟著她的哥哥們打籃球玩耍；到了十二歲，她已經完全擺脫矯正鞋。

脫掉矯正鞋之後，她的運動天分逐漸展現出來，才四年的時間，在十六歲那一年，她便入選美國一九五六年墨爾本奧運短跑代表隊。第一次參加奧運會時，她在個人項目兩百公尺未能進入決賽，但是她身為美國女子四百公尺接力賽成員，仍然為美國隊奪得了銅牌。她獲得田納西州州立大學運動獎學金，進入大學就讀並且再度受訓，順利入選美國羅馬奧運代表隊，共獲得一百公尺、兩百公尺和四百公尺接力三項比賽金牌，都以極大差距領先對手。因為她的跑步姿態輕盈美妙，步伐協調，被義大利人譽為「黑羚羊」。一九六二年，她退出田徑比賽，開始教師生涯和教練職業，在一九八〇年代成立以她的名字命名的基金會，用於培養年輕運動員。一九八三年，她入選美國奧運名人堂，一九九三年被授予美國體育獎。一九九四年十一月十二日，這位「黑羚羊」因腦癌病逝，享年五十四歲。

二〇〇四年七月十四日，美國郵政為她發行了一枚紀念郵票。這枚郵票價值二十三美分，一版二十枚，發行量為一億枚，這是美國郵政的《傑出美國人物》系列郵票二〇〇四年版郵票，也是這個系列的第五枚郵票。

孟子說：「自暴的人，不必與他交談。自棄的人，不必與他共事。」對於自暴自棄的心態，我們要謹慎防範它。我們知道，在古今中外的歷史上，所有特殊的偉大人物，都是從艱難困苦、甚至危險中奮鬥過來的。拿破崙、華盛頓、甘地等人，都是如此。漢高祖劉邦一開始只是一個小小的亭長，明太祖朱元璋曾是一個廟裡的小和尚。再從中國上古來看，舜曾是一個莊稼漢，傅說曾是一個建築工，管仲曾是士人，孫叔敖曾是漁民，百里奚曾是秦穆公用五張羊皮換來的。

換句話說，我們不要把自己的發展力量估算得太渺小，把環境的束縛力量估算得太大。只要我們堅定抱持一種必勝必成、不死不休的精神，勇敢與外力奮鬥，一定能有成就。

如果一個人無法忍受奮鬥的困苦，那麼在他的一生之中，充其量不過是在「人的動物圈」裡，滿足於對他人頂禮膜拜、鞠躬作揖。這樣，何處去尋找自己的安逸與快樂、幸福與和平呢？所以，在人生這個大舞臺上，不管你擔任的是什麼角色，能不能成功，這就純粹要看你的表演技能如何了。你越是能堅持，越是能奮鬥，成功的希望就會越大。

戰勝困難的性格是需要自我磨練的。曾國藩曾說：「自強之性，可破一切逆境。」說得極為深刻。每位欲想成功者，都應該強化自己打敗逆境的堅定個性。

旁敲側擊是一種智慧

孟嘗君是齊國的名門貴族，幾度出任相職，是政界的實力派。但有一次他與齊閔王意見不和，一氣之下辭去相職，回到了名為薛的私人領地。

這時與薛接壤的南方大國 —— 楚國正欲舉兵攻薛。與楚相比，薛不過是彈丸之地，兵力糧草都不能相比，楚兵一旦到來，薛地後果不堪設想。

燃眉之急，只能向齊求救。但孟嘗君剛剛與閔王鬧翻，拉不下臉去求，去了也怕閔王不答應。為此他傷透了腦筋，幾乎一籌莫展。

這時，恰巧齊國大夫淳于髡來薛地拜訪。他是奉閔王之命去楚國交涉國事，回程順便來探望孟嘗君這位名門望族。孟嘗君額手稱慶，真是天助我也。他想好了主意，親自到城外迎接，並以盛宴款待。

淳于髡不僅個人能力強，善隨機應變，常為諸侯效力，與王室也有密切的關係。威、宣、閔三代齊王都很器重他。到閔王時，他成了王室的政治顧問，且與孟嘗君本人也有私交。

孟嘗君決心已下，開口直言相求：「我即將遭楚國攻擊，危在旦夕，請君助我。」

淳于髡也很乾脆：「承蒙不棄，從命就是。」

淳于髡便趕回齊國進宮晉見閔王。明面的話題當然是要報告出國履行公務的結果，而真正要辦的事情也早已盤算在心。

閔王問道：「楚國的情況如何？」

閔王的話題正投淳于髡所好，順著這個話題，淳于髡要開始展開攻心術，履行對朋友的承諾了。

「事情很糟。楚國太頑固，自恃強大，滿腦子想恃強凌弱；而薛呢，也不自量力……」

話題有意識的流動，談到薛，但不露痕跡。

閔王一聽，馬上就問：「薛又怎麼樣？」

淳于髡眼見閔王入了圈套，便抓住機會說：「薛對自己的力量缺乏分析，沒有遠慮，建了一座寺廟祭祖，規模宏大，卻不問自己是否有保衛它的能力。目前楚王出兵攻擊這一寺廟，咳，真不知後果怎樣！所以我說薛不自量力，楚也太頑固。」

齊王表情大變：「原來薛有那麼大的寺廟？」隨即下令派兵救薛。

守護先祖之寺廟，是國君最大義務之一。為了保護祖先寺廟，就必須出兵救薛，薛的危機就是齊的危機，在這種危機面前，閔王就完全不再計較與孟嘗君的個人恩怨了。

整個過程，淳于髡沒有提到一句請閔王發兵救孟嘗君，而是抓住閔王最關心的問題 —— 也就是最大的弱點，旁敲側擊，點到痛處，使閔王自己主動發兵救薛，實際上是救了孟嘗君。淳于髡的縱橫術真是修練到了爐火純青的境界。

所以，正面進攻之所以不如旁敲側擊，是因為後者手法隱蔽、不為人知。那些個性直來直往的人應該學會這一招。如果你在辦事時，能夠找到一位有門路、伶牙俐齒的人才，讓他盡其所能從中撮合，傳遞資訊、論理說情，真是再好不過了。

當機立斷，臨難不慌

　　成功人士必須具備這樣一種性格：當機立斷，臨難不慌，以此來解決眼前難題。機勇者，臨危不懼，臨難不驚，機警沉著，鎮定自如。三國時期，諸葛亮的「空城計」，即顯示出策略家的膽識和個性。

　　西元二〇八年，曹操占領荊州後，統率水陸兩軍數十萬，揮師南下，企圖一舉消滅東吳。東吳與劉備聯軍，共同抗擊曹操。周瑜和魯肅審時度勢，指出曹操冒險用兵有四患，並親率東吳與劉備聯軍大破曹操於赤壁，這就是歷史上著名的赤壁大戰。大戰勝利後，諸葛亮便乘機占領了荊益兩州，協助劉備建立蜀漢政權，形成了魏、蜀。吳三國鼎立的局面，他自己也官拜丞相。西元二二三年，劉備死後，他便輔佐劉禪，主持軍國大事。

　　馬謖是蜀國的將領，深得諸葛亮器重，遷任為參軍。西元二二九年，諸葛亮興兵攻魏，命令馬謖督諸軍為前鋒，與魏將張郃大戰於街亭。馬謖因為違背了諸葛亮的部署，指揮失宜，最後為張郃所敗。諸葛亮的興兵計畫遭到破壞，被迫退兵漢中，將馬謖下獄。

　　馬謖失街亭，諸葛亮很生氣。但魏兵在大將軍司馬懿的率領下，卻窮追不捨。諸葛亮畢竟是少有的政治家、軍事家，他一方面將馬謖抓捕入獄，以振軍威，以嚴軍紀，同時他又冷靜的思考對策。

　　他想，以自己的兵力直接迎戰司馬懿，毫無勝利的希望，如果倉皇逃跑，司馬懿肯定繼續追殺，很可能會被俘虜。在此千鈞一髮之際，諸葛亮迅速做出軍事部署：急喚關興、張苞，吩咐兩人各引精兵三千，急投武功山，並鼓噪吶喊，虛張聲勢。命令張翼引兵修劍閣，以備退路，命令馬岱、姜維斷後，伏於山谷之間，以防不測。並命令將所有旌旗隱匿起來，諸軍各守城舖。命令將城門大開，不要關閉，每一城門用二十軍士，脫去

軍裝，打扮成一般平民百姓，手持工具，灑掃街道。其他行人進進出出，沒有一點緊張的表現。

吩咐完畢，諸葛亮自己身披鶴氅，頭戴華陽巾，手拿鵝毛扇，引二小童，攜琴一張，來到城樓上憑欄而坐，然後命人焚香操琴，顯得若無其事，安然自得。司馬懿前鋒部隊追到城下，卻不見城內一點動靜，只見諸葛亮在城樓上彈琴賞景，感到莫名其妙，丈二金剛摸不著頭腦，不知諸葛亮葫蘆裡賣的是什麼藥，反而不敢貿然前進，便暫停下來，急急報告司馬懿。司馬懿以為這是謊報，便命令全軍原地休息，自己則騎馬飛馳而來，要看個究竟。果然，諸葛亮坐於城樓之上，笑容可掬，焚香操琴，悠閒自在，根本沒有什麼恐懼和驚慌的表情。司馬懿怕中諸葛亮之計，不敢攻城，只好收兵回營。

可見，一個人具備當機立斷的個性，才能謀大事、成大事，猶豫不決就會一事無成。有些人總是前怕狼後怕虎，最後耽誤的還是自己。

趁熱打鐵是一種優秀的性格

蘇珊‧海華（Susan Hayward）長得漂亮、苗條、性感，她的青年時代，正好是好萊塢的主要製片公司發展的全盛時期。她像其他童星一樣，懷著成為好萊塢電影明星的夢想，當上了簽約演員。她進入好萊塢的最初幾個月裡，面對的不是攝影機而是照相機。她穿著泳裝，日復一日擺出千姿百態，作廣告模特兒。她那充滿魅力的微笑，隨著報紙雜誌的版面傳遍天下。讀者們，也是電影的影迷們，對她已經有一種傾倒和渴望的感情。

然而蘇珊一直得不到當演員的機會，當她詢問老闆時，得到的回答總是：「耐心等一等，總有一天會推薦你的。」

 ## 第二章　聰慧理智的性格

一九三八年，機會突然來了。派拉蒙公司在洛杉磯舉行全國性的影片銷售會。蘇珊接到飯店舞廳的通知。舞廳裡來了很多電影院的老闆和來自各州的商人。影星們進入舞廳之前，派拉蒙公司已大肆宣傳過自己的影片。

影星們一個接一個與觀眾見面。蘇珊出場時，會場上發出了一片歡呼。她在這之前還沒意識到這是一次機會。她面對觀眾，像對老朋友們一樣微笑著說：「我知道你們都認識我，你們有誰見過我的照片？」

臺下立即有許許多多的人舉起了手。

「有人看過我在電影裡的形象嗎？」沒有人舉手，只有笑聲。

蘇珊打鐵趁熱，發問道：「你們願意看我在電影中的形象嗎？」

會場上響起了雷鳴般的掌聲，代替了回答。

蘇珊這一計信手拈來，卻大獲全勝，於是她說：「那麼，諸位願意捎個話給製片公司嗎？」

這便如同一次民意調查，那麼多觀眾想看蘇珊在電影中的形象，製片公司的老闆得到這個結果，完全可以得出判斷，如果請蘇珊出演電影，此片一定賣座。於是蘇珊不久之後便受聘出演，上了大銀幕，並且成了大明星。她在《我要活下去！》片中扮演的角色，使她榮獲了奧斯卡最佳女主角獎。

在上面的案例中可見，蘇珊·海華是打鐵趁熱，一舉成名的高手。生活中，只有具備打鐵趁熱的性格的人，才能在最佳時刻表現出自己與別人不同的個性和能力，才能贏定人生勝局。

關鍵時刻勇敢決斷

一個人分析、判斷能力的高低，直接決定他的能力如何。而在當今社會，面對瞬息萬變的資訊，捉摸不定的局勢，更需要看重一個人的分析、判斷能力。

凡是成大事者，都會碰到千鈞一髮的關鍵時刻，在這個時候，不能退縮，不能沒有主見，而應具備勇於決斷的性格，表現出非凡的謀劃和決策能力。

現實中的客觀情況往往是紛亂複雜的，有一些情況不可能讓人事先做出百分之百正確的判斷。現實生活中，一個人最常遇到的是一些有不確定性、有風險的規劃，這就需要你有敢想敢做、敢冒風險的精神，不能追求四平八穩，因循守舊。

另外，要有當機立斷的決斷魄力。「當斷不斷，反受其亂」。謀算是不能一拖再拖的，它需要在有效的時間地點內完成。否則，正確的謀算一旦過了時間就會成為錯誤的方案。

美國第三十四任總統、五星上將艾森豪（Dwight D. Eisenhower）在一九四四年六月六日，諾曼第登陸前夜，表現出了非凡的謀略魄力，使諾曼第登陸取得了輝煌勝利，從而扭轉了整個戰局，重重打擊了法西斯勢力。登陸前夕，天氣狀況惡劣，一直下著大雨，氣象學家也不能完全肯定六月六日就能轉晴。如果天氣不轉晴，那麼傘兵將無法著陸，會使整個登陸計畫失敗，使五十多萬士兵面臨犧牲的危險。在眾多將軍都表示遲疑不決的時候，艾森豪當機立斷，決定六月六日實行登陸，並贏得了勝利。

當機立斷的魄力是成功人士必備的能力。一個人只有當機立斷，並且具備敏捷的思緒，才能在複雜多變的情況下，應付自如。艾森豪就是在緊

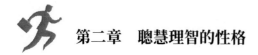 第二章　聰慧理智的性格

急關頭善於當機立斷，取得成功的典範。

現代社會資訊瞬息萬變，機會稍縱即逝，市場形勢變化多端，領導者就更需要善於抓住機遇，當機立斷，取得成功。但是當機立斷不等於盲目衝動的衝鋒陷陣。正確的分析、判斷才是「決斷」的首要條件。

立即「決斷」是一個果敢個性的反映。世上之事，往往敗於優柔寡斷，因此，為了避免這一點，你應該在看準的前提下，勇於決斷。

勇於冒險的性格

哈迪是愛迪生的一位朋友，在愛迪生發明了電影以後，哈迪從電影膠片的片盤中得到了啟發，他產生了一個新的念頭，那就是讓膠片上的畫面一次只向前移動一幅，以便使教師能夠有充足的時間詳細闡述畫面所映出的內容。後來，哈迪又成功實現了讓畫面與聲音同步進行的目標，從而創造了真正的視聽訓練法。

那麼，哈迪是不是必須要去冒險呢？他本可以繼承父親在芝加哥的報業，本可以擁有一份穩定而保險的記者工作，但他沒有。有人認為他很愚蠢，因為他放棄了有把握的東西。當人們被無聲電影的神奇所吸引時，當朋友們告訴他，人們不願意再坐下來看那些一次只能移動一幅的圖畫時，他並沒有懼怕失敗，而是回答說：「我仍然要去冒這個險。」

如今，哈迪已經被公認為「視聽訓練法之父」。正是勇於去冒那種考驗信念的風險，他才發明了很多有效的訓練方法，從而使很多來自企業、公益組織、社會團體或軍隊的人士得到了好處。

除此以外，哈迪在另一領域的冒險精神也值得讚賞。

在他的一生中，曾經兩度入選美國奧運會游泳隊（時隔二十年之

久），曾經連續三屆獲得「密西西比河十英里馬拉松賽」的冠軍。他幾乎每天都要游泳，或是在陸上的湖泊，或是在大海，取勝的信念已經融人了他的血脈，他對提高速度簡直著了迷。

哈迪決心在游泳方面做出改革，但是當他把想法告訴游泳冠軍約翰‧魏斯姆勒時，卻遭到了嘲笑。後者認為在水裡冒險實在是太危險，何況澳式爬泳早已確立、定型，不需要做任何改動。另一位游泳冠軍杜克‧卡漢拉莫庫也告誡他不要去冒險，否則可能被淹死。但哈迪卻對他的游泳同行說：「我就要冒這個險去試一試。」

哈迪再次鼓起勇氣，決心去冒考驗他信念的風險。他把長期以來一直固定不變的爬泳姿勢在方法上做了大膽的改動，使之更加自由和靈活：游泳時頭朝下，吸氣時把臉轉向一側，當臉回到水下時再呼氣。這樣，划水一圈所需的時間縮短了，游泳速度也提高了，而哈迪也並沒有被淹死。他挑戰傳統爬泳的標準姿勢，從而發明了新的自由式。今天，我們在世界的每一個游泳池都能看到它的存在。哈代又被譽為「現代游泳之父」。

工業和體育運動方面的先驅詹姆森‧哈代總是喜歡去冒險，儘管朋友們和同事們經常告誡他「別傻了」。他不僅勇於冒挑戰體能的風險，而且勇於冒考驗信念的風險。

他在教學領域所創造的紀錄給世人留下了深刻的印象，因為他是一個天才，很多從事汽車銷售和服務的人都從他的訓練方式中受益匪淺。

世界上沒有一件可以完全確定或保證的事。成功的人與失敗的人，他們的區別並不在於能力或意見的好壞，而是在於相信判斷、適當冒險的個性與採取行動的勇氣。

小張晉升為公司新產品部主任後的第一件事，就是要開發製作一種兒童所使用的胸部按摩器。然而，這種產品的試作失敗了，小張心想這下可

要被老闆炒魷魚了。

　　小張被叫去見公司的總經理，然而，他受到了意想不到的接待。「你就是那位讓我的公司賠了大錢的人嗎？」總經理問道。「好，我倒要向你表示祝賀。你能犯錯，說明你勇於冒險。而如果你缺乏這種精神，我們的公司就不會有發展了。」數年之後，小張本人成了一個公司的總經理，他仍牢記著以前公司總經理對他說過的這句話。

　　具備勇於冒險的性格，你就能比你想像的做得更多更好。在冒風險的過程中，你就能使自己的平淡生活變成激動人心的探險經歷，這種經歷會不斷向你提出挑戰，不斷獎賞你，也會不斷使你恢復活力。

　　懼怕行動，不勇於冒風險，求穩怕亂，平平穩穩過一輩子，雖然可靠，雖然平靜，雖然可以保住一個「比上不足比下有餘」的人生，但那真正是一個悲哀而無聊的人生，一個懦夫的人生。其最為痛惜之處在於，你自己葬送了自己的潛能。你本來可以摘取成功之果，分享成功的最大喜悅，可是你卻甘願把它放棄了。與其造成這樣的悔恨和遺憾，不如去勇敢闖蕩和探索。與其平庸過一生，不如做一個勇於行動、勇於冒險的英雄。

善於調整自己的性格

　　性格懦弱的人，永遠無法與強手抗衡，這是因為他們身上缺乏剛毅的個性。那麼該如何調整自己的性格呢？

　　一個性格懦弱的人應該學會讓毒蛇的狡詐與鴿子的純真調和一下。沒有人比一個善良人更容易愚弄。從來不說謊的人很容易相信他人，從來不騙人的人總是信任別人。被別人愚弄並不總是愚蠢的標幟，有時這是好事。有兩種人善於預見危險：一種是自己付出代價而吸取過教訓，另一類

更聰明的人，透過觀察別人而學到許多。你應該要能謹慎的預見困難並同樣精明的走出困境。不要因為心地太好，以至於給別人機會來表現他的壞心。你應該一半是蛇，一半如鴿，這不是魔鬼，而是天才。

鄧琳只參加了一次徵才會，就被人事經理一眼相中。雖然求職很順利，可要在這家著名外企工作立足，為職場新人的鄧琳也吃了不少苦。比如倒咖啡、打掃環境、收快遞這些老員工不願意做的事，大家都指使鄧琳去做。想著自己是新人，為了給大家留下好印象也不好不做，於是她天天忙得團團轉，還都是做些出力不討好的工作。比如翻譯資料的工作，本該是祕書和一些專業人員做的，但他們知道鄧琳的英語能力很強，便把翻譯工作扔給鄧琳，自己落得清閒。更糟的是，如果翻譯中出現錯誤，有些人還會藉機挖苦一番，鄧琳心裡有氣也不敢說，誰叫自己是新人呢？

男朋友肖劍聽說鄧琳的遭遇後十分心疼，他對鄧琳說：「知道嗎，你已經成了『職場受氣包』了！同事欺負你，並不是因為你工作能力差，而是你太懦弱，一味順從他們不合理的要求，默默承受這些不公平的對待。你的能力不比別人差，工作也不比別人做得少，你必須強硬一點，不要任憑別人擺布，要勇於對不公平的事說『不』，而且要把自己的工作能力、水準拿出來讓他們看看，別以為你是新人，就可以被當成『受氣包』來欺負。」

聽了肖劍的一番話，鄧琳開始深思起來。慢慢的，她改變了懦弱的性格，再有同事要她做不屬於她的工作時，她也會勇敢說「不」。而對於自己的本職工作，鄧琳表現得勤勤懇懇，任勞任怨，主管非常滿意，對她刮目相看。他沒想到這個英語雖然很好，可是之前性格懦弱的女孩竟然有這麼強的工作能力，慢慢的，主管開始把一些重要工作交給鄧琳去做。

有一次，公司需要翻譯一份加急資料，可公司的翻譯人員因為有事都

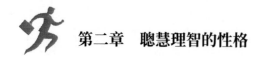

沒在公司，總經理急得團團轉。這時，鄧琳從門外走過，總經理趕緊叫住鄧琳，問她能不能翻譯。鄧琳勇敢答應下來，並立刻投入了緊張的工作，最後出色完成了任務。總經理非常高興，當他得知鄧琳只是一個試用期員工時，很驚訝的對她說：「你這麼好的能力卻只做些打雜的工作太可惜了，明天開始你就擔任我的祕書吧！」

當同事們知道鄧琳當上總經理祕書時，都難以置信。鄧琳雖然曾經是「職場受氣包」，也曾因此受了不少委屈，但她及時調整了自己的心態和情緒，變被動為主動，讓自己由「職場受氣包」變成了一顆閃閃發光的珍珠，迎來事業上的成功。

「受氣包」通常是職場新人，他們初入職場，面對陌生的環境心中難免躊躇和膽怯，如果你一直處於這種膽怯和懦弱的狀態，便容易淪為「受氣包」。同在職場，大家靠能力取勝，沒有誰是誰的跟班。所以，新人們請挺直腰桿站起來吧！用自己的能力證明自己的存在。

第三章
踏實穩重的性格

　　具備踏實穩重性格的人，在做任何事時，他們都會清醒的意識到，越是著急，越會把事情弄糟。所以，面對任何事情，他們都可以從容應付，從他們身上基本上看不見任何著急的跡象。就因為這種沉穩的性格，使他們在從事各種事情時，不會輕易失手，因為他們懂得著急是於事無補的。經過思考，他們知道該取何路而行，又該捨何路而不行。因此，對於那些日常生活裡急性子的人來說，事情之敗往往都是因為不夠踏實穩重。

退一步海闊天空

　　以退為進，由低到高，這既是自我表現的一種藝術，也是生存競爭的一種方略。跳高，如果站得離跳高架太近，想跳過去並不容易。後退幾步，再加大衝力，成功的希望可能更大。人生的進退之道就是這樣。真正聰明的人都善於以柔克剛，以退為進，這種曲折的方式，有時比直線的方式更有效。

　　有一位資工博士畢業後開始外出找工作。因為自己具有博士學位，所以他求職的標準當然不低。結果，他在應徵過程中連連碰壁，面試了很多家公司都沒有人錄用他。他十分不解，最後決定收起所有的學位證明，以大專畢業生的身分再去求職。

　　不久，他就被一家公司錄取為程式輸入員。這對他來說簡直是大材小用，但他仍然做得十分認真，面對工作一點也不馬虎。不久，老闆發現他能看出程式中的錯誤，不是普通的程式輸入員可以比的。這時他才拿出了自己的大學畢業證書，老闆給他換了個與大學畢業生相稱的工作。

　　過了一段時間，老闆發現他經常能提出一些獨到、有價值的建議，遠比一般大學畢業生要強，這時他亮出了碩士研究生的畢業證書，老闆後來又晉升了他。

　　又過了一段時間，老闆覺得他還是與別人不一樣，就對他「質詢」，此時他才拿出了自己的博士畢業證書。這時老闆對他的能力已有了全面的了解，於是毫不猶豫的重用了他。

　　這位博士最後得到的職位，也就是他最初理想的目標。然而直線進取失敗了，後退一步曲線再進，終於如願以償。

　　這個博士的做法是聰明的，他先放下身分和架子，甚至讓別人看低自己，然後尋找機會全面展現自己的才華，讓別人一次又一次對他刮目相

看，他的形象逐漸變得強大。如果從一開始就讓人覺得你多麼了不起，寄予種種厚望，可你隨後的表現讓人一次又一次失望，結果當然是被人越來越看不起。這種反差效應值得任何人注意。人家對你的期望值越高，越容易看出你的平庸，發現你的錯誤；相反，如果人家本來並未對你抱有厚望，你的成果總會容易被發現，甚至讓人吃驚。

許多剛從學校畢業的年輕人，不懂得這種方法，往往希望從一開始就引人注目，誇耀自己的學歷、本事、才能。即使別人相信，形成心理定式之後，如果你工作稍有差錯或失誤，往往就被人瞧不起。試想，如果一個大學畢業生和博士生做出了同樣的成果，人家會更看重誰？人家會說學士生了不起。你博士的學歷高，理應能力更強，可你卻跟人家一樣，有什麼了不起？心理定式是難以消除的。

所以，剛上任新崗位的人，不應該過早暴露自己，當你默默無聞的時候，會因為一點成果一鳴驚人，這就是深藏不露的好處。如果交給你一項工作，你說：「我保證能夠做好」，這幾乎和說「我不會」一樣糟糕，甚至更糟。你應該說：「讓我試試看。」結果而言，你同樣做得很好，但得到的評價會大不相同。

俗話說：「退一步海闊天空。」這裡所說的退是另一種方式的進。暫時退卻，養精蓄銳，以待時機來臨，這樣的退後再進則會更快、更好、更有效、更有力。退是為了以後再進，暫時放棄某些有礙大局的目標是為了最後實現更大的成功。這種退本身已包含了進的涵義，更是一種進取的策略。

那位資工博士的求職藝術堪稱極妙，最初對理想目標追求得太迫切，反而白白增添煩惱而又不能達到目的，倒不如退而求其次，以退為進，走一條曲線成功之路。真正的聰明人明白：退讓之道的妙處在於把自己置身安全區域，不因急進而失手。這是一種自控策略！

是金子遲早會發光

下面是發生在一個公司裡，關於「鮮花」和「雜草」的故事：

這幾天，公司裡議論紛紛，因為聽說現任總經理要被調走了，而接替他的總經理是個管理嚴格的人。大家都明白，每次領導層的變動都會引起人事方面的調整，一時之間，真是幾家歡樂幾家愁。歡樂的當然是那些有真才實學，勤懇做事的人，發愁的自然是那些靠奉承上司才登上高位的人。

不久，公司果然發了通知，舊總經理調任，新總經理馬上就到。很快，那位新任總經理就上任了。突然換了一個完全陌生的主管，大家心裡都有些提心吊膽，唯恐出了錯，俗話都說「新官上任三把火」，當然誰也不希望惹火上身。一時之間，那些平時不認真做事，總找機會偷懶的人也收斂了許多，人人都變得辛勤工作。誰知新總經理來了以後並沒有採取什麼行動，反而誇獎員工們工作努力，然後他就把自己關在辦公室裡，什麼事情都不管，直到下班才從辦公室裡出來回家。

剛開始，大家不知道新總經理在玩什麼把戲，所以沒有人敢鬆懈，做起事來反而更加賣力。誰知一晃眼兩個月過去了，新總經理還是那樣毫無作為，人們這才看清了他的真面目，原來他也是一個不管事的人。於是，以前工作不認真的人又肆無忌憚起來，覺得新總經理也不過如此；而向來兢兢業業工作的人則對他越來越失望。

很快又是兩個月過去。有一天，新總經理忽然出現在大家面前，手裡還拿著一張紙。原來那是新總經理開列的一張人事調動名單，那些不認真工作的人全都在被裁員之列。新總經理的「三把火」現在才開始正式燒起

來了。接下來，他又對剩下的人進行了嚴格的整頓，對公司機制進行了大刀闊斧的改革，下手之迅捷，斷事之果敢，與當初來時簡直判若兩人。經過新總經理這麼一整頓，公司的效率立刻飛速提升了。

在佩服新總經理優秀的領導才能之餘，人們還非常想知道，為什麼剛來那四個月，新總裁什麼都不做，而接下來卻又那麼雷厲風行。許多人都向新總經理提出這個疑惑，他只是笑了笑，卻並不直接回答，而是給大家講了一個故事：

一個人剛買了一幢大別墅，他看到院子裡雜草叢生，非常髒亂，就請人把院子裡的雜草全都除掉了。有一天，別墅的原主人前來拜訪，他在院子裡轉了一大圈，似乎在找什麼東西。現在的主人問：「你在找什麼東西呀？」原屋主感到奇怪，說：「原本這院子裡種了幾株珍貴的蘭花，現在怎麼不見了？」這時，現在的屋主才知道自己將蘭花也當作野草除掉了，感到後悔不已。不久，這人又買了另外一幢別墅，這回他汲取了上回的教訓，再也不急著除草了。等春天到來時，那些看似雜草的植物都開出了美麗的花朵，他這才把真正的雜草除得乾乾淨淨。

聽了這個故事，大家才恍然大悟，怪不得新總經理要那麼做！原來他是怕把公司裡的「鮮花」也當作「雜草」除掉了，於是他足足觀察了四個月，直到真正分清楚誰是「鮮花」，誰是「雜草」，方才下手。生活中就是這樣，有時候「鮮花」混雜在「雜草」之中，很難分清，但是，只要是「鮮花」就總會有開放的一天，只要經過長期的等待和觀察，最終還是可以分清良莠的。

切莫鋒芒太露

樹大招風。在大功重賞面前，或身居高位之後，更要做到切莫鋒芒太露，妄自尊大，以免功高震主，引火焚身。

一個人擁有高智商、好能力，固然是件好事，可以說，這是上天賜予的良好天賦。有了這些，便可以在社會中如魚得水，遊刃有餘。

然而，由於事物的複雜多樣，環境的不斷變異，在某些時候，利與弊會不知不覺變換。因此，我們必須隨時以清醒的頭腦注意了解自己，掌握對方和周圍環境，掂量你的利和弊，而不是一味以一般的經驗辦事。

戰國末期，秦國老將王翦率領六十萬秦軍討伐楚國，秦始皇親自到灞上為王翦大軍送行。王翦向秦始皇提出了一個請求，希望秦始皇賞賜給他大量土地宅院和園林。

秦始皇不明白王翦的意思，不以為然的說：「老將軍只管領兵打仗，哪裡用得著為貧窮擔憂呢？」

王翦回答說：「大將往往立下了赫赫戰功，卻得不到封侯。因此，趁著皇上還寵信我的時候，請求大王賞給我良田美宅，好作為我子孫的家產。」

秦始皇聽後覺得這點要求微不足道，便一笑了之。

王翦帶領軍隊進了函谷關，心裡還惦記著地產的事，接連幾次派人向秦始皇提出賞賜地產的要求。

王翦手下的將領們見他率兵打仗還念念不忘田宅，覺得不可思議，便問他說：「將軍如此三番五次請求田宅，不會做得太過分了嗎？」

王翦答道：「不過分，秦王這個人生性好猜疑，不信任人，現在他把秦國的軍隊全部讓我統領，我不藉此機會多要求些田宅，為子孫們今後自立作些打算，難道還要眼看他身居朝廷而懷疑我有二心嗎？」

　　第二年，王翦率領的軍隊攻下了楚國，俘獲楚王負芻。秦始皇十分高興，滿足了王翦的請求，賞給他不少良田美宅，園林湖池，將他封為武成侯。

　　《陰符經》說：「性有巧拙，可以伏藏。」它告訴我們，善於伏藏是致勝的關鍵。一個不懂得伏藏的人，即使能力再強、智商再高也難以戰勝對手，甚至還會招來殺身之禍。

　　而伏藏又可分為兩層：一是藏拙，這是一般意義上的伏藏，也是最常用的。藏住自己的弱點，不給對方可乘之機；而另一種則是更高明的──「切莫鋒芒太露」。

　　據說漢高祖時，呂后採用蕭何之計，謀殺了韓信。高祖正帶兵征討叛軍，聞訊後派使者還朝，封蕭何為相國，加賜五千戶，再令五百士卒、一名都衛做他的護衛。

　　百官都向蕭何祝賀，只有陳平表示擔心，暗地裡對蕭何說：「大禍從現在開始了。皇上在外作戰，您掌管朝政。您沒有冒著在外征戰的危險，皇上卻增加您的俸祿和護衛，這並非表示寵信。如今淮陰侯（韓信）謀反被殺，皇上心有餘悸，也在懷疑您。我勸您辭掉封賞，拿出所有家產去輔助作戰，這才能打消皇上的疑慮。」

　　一語驚醒夢中人。蕭何依計而行，變賣家產犒軍，高祖果然高興，疑慮頓減。

　　這年秋天，黥布謀反，高祖御駕親征，期間派遣使者數次打聽蕭何的情況。使者回報說：「正如上次那樣，相國正鼓勵百姓拿出家產輔助軍隊征戰呢。」

　　這時，有個門客對蕭何說：「您再不久就會被滅族了！您身居高位，功勞第一，便無法再得到皇上的恩寵。可是自從您進入關中，一直得到百

姓擁護，如今已有十多年了，皇上數次派人問及您的原因，是害怕您受到關中百姓的擁戴。現在您何不多買田地，少撫恤百姓，自損一點名聲呢？皇上必定會因此而心安的。」

蕭何認為有理，又依此計行事。

高祖得勝回朝，有百姓攔路控訴相國。高祖不但沒有生氣，反而高興異常，也沒對蕭何進行任何處分。

保存你的能量是一種藏巧。在大多數的情況下，才不可全露，力不可使盡。即便有知識，也應適當保留，這樣，你會更沒有破綻。永遠保存一些應變的能力，適時救助比全力以赴更珍貴。深謀遠慮的人總能穩妥駕馭航向。從某種意義而言，我們也可以相信這個辛辣的說法：一半多於全部。

善於放棄是一種境界

楊玢是宋朝尚書，年紀大了便退休居家，無憂無慮的安度晚年。他的住宅寬敞、舒適，家族人丁興旺。有一天，他在書桌旁，正要拿起《莊子》來讀，幾個侄子跑進來，大聲說：「不好了，我們家的舊宅被鄰居侵占了一大半，不能饒他！」

楊玢聽後，問：「不要急，慢慢說，他們家侵占了我們家的舊宅地？」「是的。」侄子們回答。

楊玢又問：「他們家的宅子比較大？還是我們家的宅子比較大？」侄子們不知其意，說：「當然是我們家宅子比較大。」

楊玢又問：「他們占些舊宅地，對我們有何影響？」侄子們說：「沒有什麼大影響，但他們不講理，就不應該放過他們！」楊玢笑了。

過了一會，楊玢指著窗外落葉，問他們：「那樹葉長在樹上時，枝條

是屬於它的，秋天樹葉枯黃了落在地上，這時樹葉怎麼想？」他們不明白含義。楊玢乾脆說：「我這麼大歲數，總有一天要死的，你們也有老的一天，也有要死的一天。爭那一點點宅地對你們有什麼用？」

他們現在明白了楊玢講的道理，說：「我們原本要告他們，狀子都寫好了。」

侄子呈上狀子，他看後，拿起筆在狀子上寫了四句話：「四鄰侵我我從伊，畢竟須思未有時。試上含光殿基望，秋風衰草正離離。」

寫罷，他再次對侄子們說：「我的意思是在私利上要看透一些，遇事都要退一步，不必斤斤計較。」

可見，善於放棄是一種境界，是歷盡跌宕起伏之後對世俗的一種輕視，是飽經人間滄桑之後對財富的一種感悟，是運籌帷幄、成竹在胸，充滿自信的一種流露。人只有在瞭若指掌之後才會懂得放棄並善於放棄，只有在懂得、並善於放棄之後才會獲得大成功。

所以說，人生之所以多煩惱，皆因為遇事不肯讓他人一步，其實，這是很愚蠢的做法。

人生因失去而美麗

某個美術商店門口，有座斷臂的維納斯雕像，約兩公尺高。有一天，一位年輕的母親領著小女兒路經這裡，小女兒在雕像前停了下來。年輕的母親便指著雕像說：「她是維納斯，羅馬神話中的女神。她多美！」小女兒的眼睛閃著異樣的神采，她忽然問：「她怎麼沒有手臂呢？」年輕的母親遲疑了一會兒，才說：「她生下來就沒有了……她永遠是最完美的女性。」

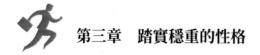 ## 第三章　踏實穩重的性格

　　失去雙臂的維納斯雕像何以能產生那麼大的藝術吸引力？就如蒙娜麗莎含蓄的微笑引來百年來人們的驚嘆與讚許。那麼維納斯的斷臂到哪裡去了呢？據說，一八二〇年這座雕像從希臘米洛斯島上倒塌的遺跡裡被挖掘出來時，手臂已經下落不明。下落不明可能正是最好的答案，這件稀世珍品的藝術內涵因此而更豐富了。

　　法國名人盧森堡說：「維納斯，歸根究底正是由於她不講話，才能在千百萬年間保持她身為最美麗的女性的榮譽；但是只要一開口，說不定她的魅力就煙消雲散了。」

　　人不總是因為全部擁有而幸福，相反，常常因失去而美麗。

　　為什麼一有缺憾就拚命去補足？正因缺憾，未來就有了無限的轉機、無限的可能性，何嘗不是一件值得高興的事！人生中不可免的缺憾，你怎麼面對呢？逃避不一定躲得過，面對不一定最難受；孤單不一定不快樂，得到不一定能長久；失去不一定不再有，轉身不一定最軟弱；別急著說別無選擇，別以為世上只有對與錯；許多事情的答案都不是只有一個。所以，我們永遠有路可以走！

　　人生正因為有得有失，才顯得美麗，得與失是相對的，失去的不一定就是壞事。你能找個理由難過，也一定能找到理由快樂，一切要順其自然，不必強求完美。

人要懂得知足

自作聰明者常不知足，動了貪念，結果把自己逼上死路。取之，知足者溫飽不慮，便是幸事，知足者無病無災，便是福澤。知足自樂，這是在咀嚼了人生況味之後才能悟到的道理。

每一個心智健全的人，都希望自己在人世間的存在是獨特的，是無可替代、無可複製的。但真正能夠做到這一點的，又有多少人呢？

其實，我們呱呱墜地的第一聲啼哭，便唱響了壯遊人生的歌。從此，便有一個又一個人生的門檻，等待著我們去跨越；從此，便有一個又一個尋常的日子，等待著我們以生命的花朵去渲染、去簇擁；從此，我們將不再回頭，將別無選擇、風雨兼程的走上人生漫長的旅途；從此，無論是含笑或含淚的每一天，都將鐫刻下我們深深淺淺的人生軌跡。

有的人不願低三下四，摧眉折腰，自然也就做不得事；有的人能力有限，自然也就成不了真正的大人物。成不了，為什麼不放棄呢？強求這種自己內心裡不能接受的東西，是不是對自己的一種折磨呢？

人到中年，匆忙間回首，方覺青春歲月早人事已非。細細密密的皺紋在不知不覺間，悄然爬上不再年輕的額頭。人生已成定局，自少年時代便夢寐以求的人生理想卻依舊十分遙遠，依舊高不可攀。那種渴望轟轟烈烈、追求宏大高遠的心境，早已被一些平凡而實際的生活瑣事所替代。淡泊的歲月中，行進著的是自己淡泊的人生。一切都講究個隨緣，被別人接納是幸福，被別人排拒是無奈。那麼，不妨衡量一下自己。

當然，人生也有飛揚的時候，但那畢竟只是一種短暫的輝煌。更多的時候，我們所面對的是永遠的平和與安穩，乃至庸庸碌碌，無所作為。無論我們自己願不願意，生活一樣在以一種最平凡的面目介入我們的生命，

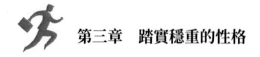

介入我們的世界。我們也許活得並不崇高，更缺乏成就一番偉業的雄心壯志。你不妨隨時告誡自己：我只是個平常人，只是個躋身於茫茫人海之中的平常人。正因為平常，所以我們學會了寬以待人，也寬以待己；善待生活，善待一切美好的東西。

真正聰明的人明白：知足者常樂，知足便不作非分之想；知足便不好高騖遠；知足便安若止水、氣靜心平；知足便不貪婪、不奢求、不豪奪巧取。所謂養性修身，參禪悟道，在我眼中，無非就是個淡泊隨緣，樂天知命。「知份心自足，委順常自安」，這箇中玄機，就靠自己去參悟了。

生活畢竟是平常、甚至瑣碎的，沒有那麼多的詩情畫意，有時候，生活倒很像是一篇篇樸素的隨筆。聖賢也好，凡夫俗子也好，一樣免不了要面對生老病死、柴米油鹽的困擾。尤其是對你我這種小人物而言，魚和熊掌不可兼得。所以，講究實際，立足現實，不亢不卑，隨遇而安，對我們而言，又何嘗不是一種福分、一種境界，又何嘗不是一種坦然入世、實事求是的人生態度呢。

心底無私天地寬

人之所以痛苦多，往往都是因為私心太重。生活上的物質需求無窮無盡，但精神生活反而是不需付出多少代價就能獲得的。

有一個寓言故事，說的是有個時期，世人都在為自己而悲傷，甚至氣憤、嫉妒，因為與他人相比，他們覺得上帝對待他們不公平。他們都覺得自己的煩惱要比人家多、重、也艱苦，實在不堪重負。每一個人看到鄰居所操心的事和所承載的困難很輕，他們走起路來是如此輕鬆，因而感到很不高興。他們都期待，假若能與自己的夥伴交換一下各自的煩惱，人生就

會倍感輕鬆，他也就可以更為心滿意足了。

為了要矯正這種不公平的狀況，諸神安排了一天，要每個人都背著自己的包袱到某一處集合，然後把包袱扔在那裡，不過有一點他們必須要做到，那就是扔掉了自己的包袱的人，一定要在旁人丟掉的包袱中選一個他們認為最輕的帶走。對此人們都答應了。

對於每個人來講，這是一個何等偉大的好日子！他們每個人都將自己的那個沉甸甸的包袱背過來，他們以為，他們的病痛、缺憾、纏住自己的罪，刻骨的傷心失意事，折磨人的問題，都能一股腦的扔掉了。而且還在他們離開的時候，各自可以選一個包袱，自己認為不好的還可以不要，這是何等的樂事啊！

在此之後的一段時間，世人全都感到快樂了。只可惜這樣的快樂沒有延續多久，當每個人再檢查一下自己揀選的包袱時，都覺得它確實和自己的不同，但是卻更為沉重，更不容易背了！所以沒過多久，他們便都回來了，要求換回原來自己的包袱，因為他們對原來的包袱很熟悉，已經習慣了，所以甘心背上原來的包袱。

如何生活則是另外一回事。生命是什麼？如何生活？我們不要把生活看作一種工作，而要看作一種喜樂。

我們應該追尋生命，而不僅僅是活著。為每個人而活，追尋真理、公義、美和愛，如此一來，食糧不但夠吃，而且還會有餘糧囤積起來；累積的不僅是麵包，還有美、仁慈、善意、同情心、助人之心。盡量活得多彩多姿，使生命充實，這樣死就只不過是一個掠過的陰影而已。

說實在的，是不是因為我們太現實，腦筋太簡單，只追逐個人得失，導致任由惡人在那裡張揚？如果任飢餓把世界弄得一團糟，舊的戰爭雖已過去，但新戰爭的謠言卻四起，在這種基礎上建立的世界可以算作是成功

的嗎？在我們的人生列車上，有沒有可供休息的餐車？

　　「應該愛我們的鄰居。」我們任何人都能想見，如果鄰居之間不能相親相愛，則他們起初會互相畏避，進一步可能會打起架來，雙方冷漠如冰。可是，我們都擇鄰而處，卻忘記了，我們的鄰居不管種族、膚色與教養如何，都是需要我們幫忙的。這件事對於一般人就難了。

　　當然，我們不會對每個人都好。人心的容量是有限的。一個人對陌生人的感覺與對朋友的感覺不一樣。可是真正愛一個人，我們仍會熱切希望他擁有高度的善心。同時，我們也不敢奢望任何人都能做到該做什麼就做什麼，即使對敵人也不會如此，否則我們只會毀了自己。

　　不要憎恨，不要抱怨。如果不肯寬恕人家，也就不肯寬恕自己，把自己拋棄在一個冷漠的世界裡。所以要生活下去，我們一定要寬恕人家，也就是說，如果別人愛你，你當有所回報。有一條處世黃金律：「你要人家怎樣待你，你也要怎樣待人。」它在哪裡都可以適用。

　　恐懼往往始於人的內心，越是恐懼的事，你越去做，就會戰勝恐懼，人生就會變得快樂、逍遙自在。但願我們有勇氣，心存謙卑。最後，生命是屬於我們的。假使我們不能找到生命的意義和奧祕，不能譜出生命的樂章，也就沒有什麼可說的了。生命很快就會過去，我們彷彿沒有活過一樣，或者說，活得不瀟灑，活得不精彩。

適當含蓄的表達自己

　　含蓄表達自己就是藏起鋒芒和聰明，所以它也不失為一種保護自己的手段。尤其在君主面前，過分表現自己，往往會引火焚身，古人深諳「象有齒以焚其身」的道理。

　　魯襄公十七年（西元前五五六年），宋太宰皇國父要為宋平公築臺，大夫子罕認為這樣會耽擱農事，故進諫請求忙完農事後再修建。宋平公沒有採納子罕的意見，仍下詔徵調民工興建高臺。

　　當時築臺的工地上廣泛傳唱著這樣一首百姓自編的歌謠：

　　「澤門之皙，實興我役；邑中之黔，實慰我心。」

　　「澤門之皙」，指的是皮膚白皙、居於澤門的太宰皇國父；「邑中之黔」，指的是皮膚黝黑、居於城內的大夫子罕。子罕聽到這一歌謠後趕緊到工地，提起竹杖親自笞擊那些不肯賣力的工人，並大聲喝斥道：

　　「我們這樣的平民，尚有房舍可以避燥溼寒暑。現在國君僅築一臺卻難速成，像什麼話？」

　　唱歌的人這才止住了歌聲。對於子罕一前一後判若兩人的做法，頗感到迷惑不解。當時有人問他為何這樣做，子罕自解道：

　　「區區宋國，有人被詛咒，有人被讚揚，這是災禍的根源啊！」

　　按子罕的意思是：這樣會引起國內大亂，這似乎有點誇張之嫌。子罕擔心有禍亂也並非沒有道理，不過這災禍恐怕更與他自身有關。築臺雖是太宰皇國父所倡，但卻是國君首肯。後來子罕進諫阻止，仍然遭到了國君的否決。老百姓的歌謠儘管只是在指責皇國父而頌揚他，可是在支持了皇國父、拒絕了子罕建議的宋國國君聽來，也許就是另一番含義了。如果他不趕緊平息此事，做出積極配合築臺的樣子，恐怕真是大禍臨頭了。

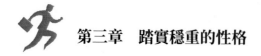

第三章　踏實穩重的性格

再能幹，也不能比君主能幹。再得民心，也不能靠著損君主的形象來獲得。在君主這顆北斗面前，臣子永遠是拱衛的群星。在自己的光輝將要蓋過北斗時，得趕快收斂，必要時甚至要不惜以自毀形象為代價。歷史上有幾個功高震主的臣子落得個好下場？

晉公子重耳在楚成王一再索取報答時，說道：「如果託您的福，我得以返回晉國，一旦晉楚交兵，相遇中原，我將退避三舍。如果這樣還得不到您的寬恕，那我只好挽弓執鞭，與您馳逐周旋了。」婉轉而含蓄的表達，卻讓楚成王感到了它那沉重的分量。

有價值的東西不一定都得顯露出來。否則，再陡峭的崖壁，也不能使靈芝安身；再粗壯的軀體，也難以阻止象齒自焚。

含蓄，猶如宣紙上著墨不多的國畫，簡潔中藏著豐富，黑色裡蘊著五彩，大片大片的空白是留給讀者馳騁縱橫的想像。露骨的宣洩、單純的出擊，也許只是一種外在力量的張揚與炫耀，而含蓄則是一種更加收斂聰明的體現。

對於一個謀略家來說，僅僅自己學會了含蓄仍然是不夠的，他必須學會去破解識讀他人的含蓄，昭示那些已被「含」起來、「蓄」起來的真正有價值的內容。

魯襄公三十年（西元前五四三年），楚王郟敖派連罷出使魯國。當時郟敖新立不久，大權掌握在令尹公子圍手中。魯大夫穆叔想探探這位楚使的底，便提了一個頗為敏感的問題：「公子圍現在執政的情況如何？」

連罷回答說：「我等小人，一心只知吃飯、聽任使喚，即便如此還怕完成不了使命，有所錯失，怎麼能參與政事呢？」

穆叔再三問起，連罷還是避而不答。然而就是這再三避答，使穆叔從中捕捉到了一個非常重要的資訊，他於是很有把握的向大夫們宣告：「楚國令

尹公子圍即將要篡位，連罷也將參與，他已經開始為令尹隱匿實情了！」

　　穆叔何以得出如此結論？因為按常理，在穆叔的再三追問之下，連罷應該有所答覆，即便是透過某種暗示，也會將他不滿或讚許的情緒表現出來。只有當連罷心中有鬼時，才會對評價公子圍的問題諱莫如深、一再拒答。因為他若說「是」，怕直接暴露了他與公子圍的特殊關係以及那個「將有大事」的祕密；若說「不是」，這既言不由衷，又怕別人從反面理解而予以戳穿。於是他以為最聰明的辦法就是顧左右而言他，或者乾脆閉口不答，讓別人無從知曉。而這種諱莫如深、一再拒答的態度，恰好表明了這個問題與他有密切的關聯，昭示出他的心結、他的奧祕就在這裡。這就好比主人想讓寶物不被偷竊，而將裝寶物的箱子鎖上一道又一道，而這一道道的鎖正好是在告訴那想去偷竊寶物的人：喂，主人的寶貝就在這裡！

　　連罷本欲透過閉口不答，把自己的祕密含得更死一些、蓄得更深一些。孰料穆叔這位權謀高手，從他的不答中找到了答案，從他的含蓄裡挖出了祕密。這樣，連罷的所謂不答，實際上成了不答之答。

善於隱蔽的智慧

　　善於隱蔽是一種智慧。怎樣才能隱蔽自身而又巧妙達到目的，某種程度而言，雙方都在比試鬥智，如同棋手一樣，每一盤棋總有勝負。

　　在楚漢戰爭最激烈的時刻，漢王劉邦聽從陳平的計策，趁項羽伐齊之亂，率領五十萬大軍攻占了項羽的巢穴彭城。進駐彭城之後，劉邦耽於酒色，一味享樂。又自恃兵多，大意輕敵，放鬆戒備；加上漢軍號稱五十萬，卻多是臨時歸順的諸侯軍，聯盟不牢，軍心不齊。項羽聽了從彭城逃

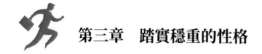

出來的虞姬兄妹哭訴後，立即命大將龍且和鐘離昧帶二十萬人馬平定各國，自己帶范增、項莊、季布、桓楚、虞子期等大將率三萬精兵回師彭城，殺得漢軍猝不及防。聯盟解體，漢軍死傷二十餘萬，劉邦帶著少數殘兵落荒而逃到滎陽城，結果又被乘勝追擊的楚軍圍困在城內達一年之久。劉邦請求獻出滎陽以西，想要求和，項羽又不允，面對這個危機形勢，劉邦情緒低落，沮喪的對陳平說：「天下紛紛擾擾，何時可得安寧？」

　　陳平見劉邦向自己問計，便胸有成竹的說：「主公不必憂慮，眼下情勢正在發生變化。只要主公揚長避短，天下頃刻可定。」劉邦欲問其詳，陳平道：「項王主要依靠范增、鐘離昧、龍且和周殷幾個人。主公如能捨得幾萬兩黃金，可施反間計，使他們君臣相互猜疑。項羽本來就容易猜忌信讒，必然引起內訌而互相殘殺。到那時，我軍乘機反攻，勢必破楚。」劉邦深以為然，便給陳平四萬兩黃金，任其支配。

　　陳平於是就開始用這筆錢積極在楚軍中施行他的反間計。他一面派使者入楚，送求和書給項羽，一面又用重金收買一些楚軍將士，讓他們四處散布流言蜚語，說范增、鐘離昧等大將為項王帶兵打仗，功勞很多，卻始終得不到項王分封土地給他們，也得不到王侯的爵號，他們心裡有怨氣，打算與漢軍聯手消滅項羽，瓜分項羽的土地而自立為王。

　　項羽見過漢王的求和書信，自然不肯答應。但對那些流言，卻疑心頓生，於是便派使者進城探聽虛實。

　　楚王使者進入滎陽城，陳平帶人列隊出迎，並把使者請進客廳，擺下豐盛的酒席。陳平假意作陪，殷勤問道：「范亞父派使者前來有何見教？范老先生和鐘離將軍一切都好吧？他們有書信嗎？」楚使者被問得莫名其妙，不知如何回答，只好說：「我乃霸王親遣的使者，怎麼會有范老先生和鐘離將軍的信札？」陳平聽罷，故意皺起眉頭說：「哦！原來你不是范

老先生和鐘離將軍派來的……。」陳平說罷，白了楚使一眼，倏地放下手中的酒杯，站起身大步走了出去。使者看著這一切，心裡十分納悶，正在發愣，一些侍從進來，七手八腳就把滿桌飯菜撤掉了。一會兒後，一個侍女進來給他換上一碗菜湯、一個饅頭。楚使者一見，十分惱火，心想，他們把范增、鐘離昧看得如此尊貴，而把項王視同草芥，這其中必有奧祕，說不定范增、鐘離昧早就和他們串通一氣了！

楚使者受到羞辱，不勝其忿，一返回楚營，便把詳情一五一十向項王稟報。項王聽罷頓時大怒，自語道：「怪不得近日營中議論紛紛，說亞父和鐘離將軍私通漢王，心存二心，看來是無風不起浪呀……。」項羽起了疑心，對鐘離昧漸不信任，對范增也日益疏遠。范增是不主張與漢軍談判的，希望楚軍能一鼓作氣，攻下滎陽，捉住劉邦。他越勸項羽進攻滎陽，項羽就越懷疑他與劉邦串通一氣，在耍什麼花招。范增非常氣憤，請求退隱山林。項羽也不阻攔，竟然准了他的請求。

范增解甲歸田，在回老家居巢（今安徽桐城南）的路上，又氣又惱，背生癰疽，一病而死，終年七十五歲。項羽聞知范增死訊，才知中了反間計，十分懊悔，但為時已晚。一個屢立奇功的唯一謀士，竟被陳平略施隱蔽反間計便除掉了。

疑心生暗鬼，鬼使神差人歧路。項羽為人，性好疑忌，被陳平利用。陳平巧施隱蔽反間計，就促使他與范增之間的矛盾增大，最後成功除掉了范增。

隱蔽聰明是一種致勝方法，它可以不讓人看到聰明，而確保安身。安身能做什麼？安身可以靜心謀大事。

周赧王五十五年（西元前二六〇年），秦軍大舉北進，進攻趙國。老將廉頗率趙兵迎敵，秦、趙兩軍相交於長平。秦兵雖然勇武善戰，怎奈廉

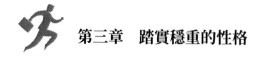

第三章　踏實穩重的性格

頗行軍持重，堅築壁壘，等待時機與變化，遲遲不與秦兵決戰。這樣一來，兩軍相持近兩年，仍難分勝負。秦國君臣將士個個焦躁萬分，卻又束手無策。秦昭王問計於范雎，說：「廉頗多智，面對秦軍強而不輕易出戰。秦兵勞師襲遠，難以持久，戰事如此久拖不決，秦軍必將深陷泥淖，無力自拔，該怎麼辦？」范雎早已清楚意識到問題的嚴重性，身為出色的謀略家，他很快便找到了問題的癥結點。他對趙國文臣武將的優劣瞭若指掌，深知秦軍若想速戰速決，必須設計除掉廉頗。於是，他沉吟片刻，向昭王獻了一條絕妙的反間計。

范雎派一位心腹門客，從便道進人趙國都城邯鄲，用千金賄賂趙王左右親近的人，散布流言道：「秦軍最懼怕的是大將趙奢之子趙括，年輕有為且精通兵法，如若為將，恐難勝之。廉頗老而怯，屢戰屢敗，現已不敢出戰，又為秦兵所迫，不日即降。」

趙王聞之，將信將疑。派人催戰，廉頗仍行「堅壁」之謀，不肯出戰。趙王對廉頗先前損兵折將本已不滿，今派人催戰，卻又固守不戰，又不能將敵人驅於國門之外。於是輕信流言，頓時疑心大起，竟不辨真偽，匆忙拜趙括為上將，賜以黃金、彩帛，增調二十萬精兵，前去代替廉頗。

趙括雖為趙國名將趙奢之子，確實精通兵法，但徒讀經文書傳，不知變通，只會坐而論道，紙上談兵，而且驕傲自大。一旦代將，立即東向而朝，威臨軍吏，使將士都不敢仰視他。他還把趙王所賜黃金、財物全藏於家中，日日想著添置田宅。

趙括來到長平前線，盡改廉頗往日約束，更動將領，調換防位，一時弄得全軍上下人心浮動，紊亂不堪。范雎得知趙國已入圈套，便與秦昭王商議，暗派武安君白起為上將軍，火速馳往長平，並令軍中：「有敢洩露武安君為將者斬！」

　　白起是戰國時期無與倫比、久經沙場的名將，一向能征慣戰，智勇雙全。論將才，趙括遠不能與白起相比；論兵力，趙軍絕難與秦兵抗衡。范雎之所以祕行其事，目的就是使敵鬆懈其志，以期出奇制勝。兩軍交戰，白起佯敗，趙括大喜過望，率兵窮追不捨，結果被秦軍左右包抄，斷了糧草，團團圍困於長平。秦昭王聞報，親自來到長平附近，使農家壯丁分路掠奪趙軍糧草，遏絕救兵。趙軍陷於重圍達四十六天，糧盡援絕，士兵自相殘殺以取食，慘不忍睹。趙括迫不得已，把全軍分為四隊，輪番突圍，均被秦軍亂箭擊退，趙括本人也被亂箭射死。

　　長平一戰，秦軍獲得了空前的勝利，俘虜趙兵四十萬，除老幼者兩百四十人放還外，其餘全部坑殺。這次戰役，秦軍先後消滅趙軍四十五萬，大大挫敗了雄踞北方的趙國的元氣，使其從此一蹶不振。戰後，秦軍乘勝圍攻趙國都城邯鄲。雖曾有趙國名士毛遂自薦，赴楚求援，又有魏國信陵君竊符救趙，也只能爭一時之生存，無法挽回趙國敗亡的厄運。

　　長平之戰，在秦國歷史上具有劃時代的意義。秦與關東六國的戰爭，如果說秦惠文王時還處於策略相持階段的話，至此則進入了策略的反攻階段。

　　范雎利用趙王對廉頗「堅壁」不戰大為不滿而出現的「裂縫」，巧施隱蔽策動術，致使其「縫隙」增大。終於如願用無能之輩趙括換掉了多智多謀的廉頗，取得了長平之戰的勝利。

爭一步不如讓一步

「爭」與「讓」關係的選擇，可以說常為智者所掌握。「爭」與「讓」的區別在於：用爭鬥的方法，你絕不會得到滿意的結果。但用讓步的方法，收穫會比預期的高出許多。我們每天都生活在社會上，每天都在和各種人打交道，語言的魅力是獨特的，有魅力的語言也可以稱得上是一種藝術。勇於承認錯誤就是這藝術上的一朵小花，總會在你料想不到的時候散發出智慧的芳香。

一個人要有勇氣承認自己的錯誤，也可以獲得某種程度的滿足感。這不只可以清除罪惡感和自我防衛的氣氛，而且有助於解決這項錯誤所導致的問題。

艾柏·赫巴是最具獨特風格、會鬧得滿城風雨的作家之一，他那尖酸的筆觸經常引起別人強烈的不滿。但是赫巴那少見的做人處世技巧，常常將他的敵人變成朋友。

例如，當一些憤怒的讀者寫信給他，表示對他的某些文章不以為然，結尾又痛罵他一頓時，赫巴就如此回覆：

「回想起來，我也不盡然同意自己，我昨天所寫的東西，今天不見得全部滿意。我很高興知道你對這件事的看法。下回你來這附近時，歡迎駕臨，我們可以交換意見。遙祝誠意。赫巴謹上」

面對一個這樣對待你的人，你還能怎麼說呢？

費丁南·華倫（Ferdinand E. Warren），一位商業藝術家，也使用這個技巧，贏得了一位暴躁易怒的藝術品主顧的好印象。

「精確，一絲不苟，是繪製商業廣告和出版物的最重要的特質，」華倫先生說，「有些藝術編輯會要求立刻完成他們所交下來的任務；在這種

情形下，難免會發生一些小錯誤。我知道，某一位藝術編輯總喜歡從雞蛋裡挑骨頭。我離開他的辦公室時，總覺得反胃，不是因為他的批評，而是因為他攻擊我的方法。最近我交了一篇緊急的稿件給他，他打電話給我，要我立刻到他辦公室去。他說是出了問題，當我到辦公室之後，正如我所料 —— 麻煩來了。他滿懷敵意，很高興有了挑剔我的機會。他惡意責備我一大堆 —— 這正好是我運用所學自我批評的機會。因此我說：『某某先生，如果你的話沒錯，我的失誤一定不可原諒，我為你畫稿這麼多年，實在該知道怎麼畫才對。我覺得慚愧。』

他立該開始為我辯護起來。『是的，你的話並沒有錯，不過畢竟這不是一個嚴重的錯誤。只是 —— 』

我打斷了他。『任何錯誤，』我說，『代價可能都很大，讓人不舒服。』

他開始插嘴；但我不讓他插嘴。我很滿意。有生以來我第一次在批評自己 —— 我喜歡這樣做。

『我應該更小心一點才對，』我繼續說，『你給我的工作很多，照理應該要使你滿意，因此我打算重新再來。』

『不！不！』他開始反對，『我不想那樣麻煩你。』他讚揚我的作品，告訴我只需要稍微修改一點就行了，又說一點小錯誤不會花他的公司多少錢；畢竟，這只是小節 —— 不值得擔心。

「我急切的批評自己，使他怒氣全消。結果他邀我共進午餐，分開之前他給了我一張支票，又交待我另一件工作。」

其實赫巴和華倫未必犯了多大的錯誤，假如有的話，也非常小。但他們那種精神卻是可貴的。承認自己有錯讓你有點難堪，心中總有點勉強，但這樣做可以把事情辦得更加順利，成功的希望更大。帶來的結果可以沖

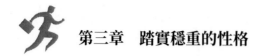

淡你認錯的沮喪情緒。況且大多數情況下，你只能先承認自己也許錯了，別人才可能和你一樣寬容大度，認為他有錯。這就像拳頭出擊一樣，伸著的拳頭要再打人，必須要先收回來才有可能。

　　當我們正確的時候，我們就要試著溫和、有技巧的使對方同意我們的看法；而當我們錯了，就要迅速而誠心的承認。這種技巧不但能產生驚人的效果，而且，信不信由你，任何情形下，都要比為自己爭辯還有趣得多。

　　設想一下，如果你確定別人弄錯了某事，你出於好心直接告訴他，那結果會怎樣呢？假如是一個脾氣好的人，也許不會發作，只是訕訕的乾笑幾聲就算了，可心裡不知把你罵了幾次，對你也沒有好印象。要是碰到暴躁的人，肯定馬上指著你的鼻子，暴跳如雷，你能得到的是什麼呢？遇到爭論時，首先要做出讓步，這是有禮貌的表示，而不是傷面子的行為。如果執意爭吵，只會對雙方都造成傷害。因此，快速、真誠的讓步，承認自己的錯誤，你與對方的距離拉近了，在他覺得你真誠的情況下，他也會真誠待你了。

第四章
勇於行動的性格

人如果不具備勇於行動的性格，是不能成就什麼的，正如
《聖經》上所說：「只有信心而不付諸行動，無異於無信心。」
所以如果你對自己有信心，相信自己一定可以成為自己想要做的
人，那麼就付諸行動吧。只有具備勇於行動的性格，才能在制定
目標後就開始著手透過行動去實現自己的目標。所以在目標制定
好之後，我們就要馬上付諸行動去實現它。否則，等事過境遷之
後，就一切都來不及了，那樣成功已經與你擦肩而過。

不做優柔寡斷的人

有一個優柔寡斷的婦人，當她要買一樣東西的時候，一定要把全城所有出售那樣東西的商場都跑遍。當她走進了一個商店，就從這個櫃檯，跑到那個櫃檯，從這一區，跑到那一區。她從櫃檯拿起商品時，會從各方面仔細打量，看了又看，心中還是不知道喜歡的究竟是什麼。她看了又看，還會覺得這個顏色有些不同，那個樣式有些差異，也不知道究竟要買哪一種好。結果，她通常是一樣東西也沒買，空手而歸。

她要買一件取暖的衣帽，又不喜歡穿戴起來太笨重，也不喜歡太暖和。她要買一件衣物，既適合夏天，又適合冬天，既適用於高山，又適用於海濱，不僅可用於禮拜堂，又可用於電影院。心中帶著這些不切實際的苛求，還能從哪裡買到這樣的東西呢？萬一她幸運買到了這樣一件衣物，心中還是懷疑所買的東西是否真的不錯，是否要帶回去詢問他人的意見，然後再到店裡調換？無論買哪一樣東西，她總要調換兩三次，最後還是感到不滿意。

還有這樣一個人，他從來不把事情做完，無論做什麼事情，都給自己留著重新考慮的餘地，比如他寫信的時候，不到最後一刻，就絕不肯封起來，因為他總擔心還有什麼要改動。他時常在把信都封好、郵票也貼好了，正準備要投入郵筒之時，又把信封拆開，再更改信中的語句。最可笑的是，有一次他給別人寫了一封信，然後又打電報去叫人家把那封信原封不動立刻退回。這個人是個社會名人，在許多方面有著非常出色的才能與品格，但正是由於他這種猶豫不決的習慣，使他很難得到其他人的信賴。所有與他相識的人，都為他的這一缺點感到可惜。

拿不定主意和優柔寡斷，對於一個人來說，實在是一種致命的弱點。

有這種弱點的人，絕對不會是有毅力的人。這種性格上的弱點，可以破壞一個人的自信心，也可以破壞他的判斷力，並大大不利於他的事業。

如果做事沒有果斷的決心與勇氣，總是優柔寡斷，猶豫再三也下不了決心，不能迅速做出正確的決斷，那麼，這個人一輩子就注定要完蛋了。比方說賺錢的機會，它往往是瞬間閃現，稍縱即逝的。有些人在別人看來非常幸運，財運特別好。其實，這並不是天上掉下來的餡餅，只不過這種人有異於常人的特質：遇事果斷。如此而已。

在股票市場上，不管是入手還是脫手，猶豫是萬萬不行的。該入手的時候便果斷入手，該脫手的時候就果斷脫手，這樣才是炒股高手。

一個人有優柔寡斷的習慣，最後只會兩手空空，成不了大事。因為這種習慣會讓時機從你身邊跑掉，讓別人得到先機！

世間最可憐的就是那些舉棋不定、猶豫不決的人。有些人一旦遇到了事情，就一定要去和他人商量，這種主意不定、意志不堅的人，既不會相信自己，也不會為他人所信賴。

有些人簡直優柔寡斷到了無可救藥的地步，他們不敢決定種種事情，不敢擔負起應負的責任。而他們之所以這樣，是因為他們不知道事情的結果會怎樣 —— 究竟是好是壞，是凶是吉。他們常常對自己的決斷產生懷疑，不敢相信他們自己能解決重要的事情。因為猶豫不決，很多人使他們自己美好的想法陷於破滅。

當然，對於比較複雜的事情，在決斷之前需要從各方面來加以權衡和考慮，要充分運用、發揮自己的常識和知識，進行最後的判斷。一旦拿定主意，就絕不要再更改，不再留給自己回頭考慮、準備後退的餘地。一旦決定，就要斷絕自己的後路。只有這樣做，才能養成堅決果斷的習慣。這一習慣既可以增強人的自信，同時也能博得他人的信賴。有了這種習慣

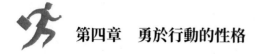

　　後，在最初的時候，也許會時常做出錯誤的決策，但由此獲得的自信等種種卓越品性，足以彌補錯誤決策所可能帶來的損失。

　　果斷決策的能力，與一個人的才能有著密切的關係。如果沒有果斷決策的能力，那麼你的一生，就像海中的一葉孤舟，永遠漂流在狂風暴雨的汪洋大海裡，永遠達不到你理想的目的地。

　　具有猶豫不決、優柔寡斷習慣的人，在生活中最典型的表現就是辦事拖拉，無論是做決策還是辦事情，都不果斷。美國哈佛大學人才學家哈里克說：「世上有百分之九十三的人都因拖延的陋習而一事無成，這是因為拖延能殺死人的積極性。」

　　我們人在自己的一生中，有著種種憧憬、種種理想、種種計畫，如果我們能夠將這一切的憧憬、理想與計畫，迅速加以執行，那麼我們就能取得事業上的成就。然而，人們往往有了好的計畫後，不去迅速執行，而是一味拖延，以至於讓一開始滿溢的熱情冷淡下去，使幻想逐漸消失，使計畫最後破滅。

　　對於成大事者來說，猶豫不決，優柔寡斷是一個陰險的仇敵，在它還沒有傷害你、破壞你、限制你的機會之前，你就要立刻把這一敵人置於死地。不要再等待、再猶豫，絕不要等到明天，今天就應該開始。要強迫自己具備一種遇事果斷堅定的能力、遇事迅速決策的素養，對於任何事情都切記不要猶豫不決。

將創意落實到行動上

相傳釋迦牟尼曾有一段頗具啟示性的話，說世界上有四種馬，第一種馬是看到主人的鞭子就立刻飛奔出去的駿馬；第二種馬是看到了別的馬被鞭打，就立刻快步奔跑的良馬；第三種是要等到自己受了鞭笞才開始跑的凡馬；第四種是非要受到嚴厲的鞭打才開始走的駑馬。

同樣的，世界上也有四種人，第一種遠遠看到別人陷入老病死的痛苦中，就立刻心生警惕；第二種人是要等到老病死離自己不遠時才會心生警惕；第三種人是必須等自己的近親陷入老病死的痛苦才知道要警惕；第四種人則非要自己親身感到了老病死的痛苦，才悔不當初。

奧格‧曼狄諾（Og Mandino）把這個比喻又進一步發揮了一下。他說遇到問題時，世界上有這樣四種人：第一種人是今天立即解決的人，第二種是等待明天解決的人，第三種是一味發愁，今天明天都難以解決的人，第四種是問題已造成惡果再也難以解決的人。

在瞬息萬變的商業社會裡，掌握時機，當機立斷，比一天開幾次會議都來得實際。雖然綜合眾人的意見，會給你帶來相當大的安全感，但眾人參與的計畫，並不一定是成功的計畫。

與其浪費時間在空談上，不如看準機會，發揮決斷能力，比起其他崇尚空談的公司，你會快人一步。

任何生意交易，如果過於慎重，反而會錯失良機；雖然慎重是做生意的重要條件，但絕不是成功的必要因素。進行計畫時，達到及格的標準就可著手進行。如果事事追求完善，反而太畏縮，以致計畫遲遲未能實行。

然而許多創業者耽於空想，總是「夜裡想了千條路，白天還照老路行」。成功者喜歡說：「你現在有一個好的創意嗎？如果有，現在就去做！」

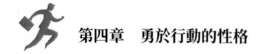

第四章　勇於行動的性格

奧格‧曼狄諾講過這樣一個故事。有個很有才氣的教授，告訴朋友，他想寫一本傳記，專門研究「幾十年前一個讓人議論紛紛的人物的軼事」。這個主題既有趣又少見，真的很吸引人。這位教授知道的很多，他的文筆又很生動，這個計畫必定會替他贏得很大的成就、名譽與財富。

一年過後，教授的朋友碰到教授時，無意中問道他那本書是不是快要大功告成了？

老天爺，他根本就沒寫！教授猶豫了一下，考慮怎麼解釋才好，最後終於說他太忙了，還有許多更重要的任務要完成，因此自然沒有時間寫。

他這麼辯解，其實就是要把這個計畫埋進墳墓裡。他找出各種消極的想法，已經想到寫書多麼累人，因此不想找麻煩，事情還沒做就已經想到失敗的理由了。

具體可行的創意的確很重要，高明的創意就是成功的先導者。

但是，光有創意還不夠。還必須立即行動，去實施這一創意。高明的創意也只有在實施後才有價值。

每天都有幾千人把自己辛苦得來的新構想放棄、埋葬掉，因為他們不敢執行。過了一段時間以後，這些構想又會回來折磨他們。

拿破崙‧希爾認為，天下最悲哀的一句話就是：「我當時真應該那麼做卻沒有那麼做。每天都可以聽到有人說：『如果我一九五二年就開始那筆生意，早就發財啦！』或『我早就料到了，我好後悔當時沒有做！』」一個好創意如果胎死腹中，真的會叫人嘆息不已，永遠不能忘懷。如果真的徹底執行，當然也會帶來無限的滿足。

到美國首府華盛頓觀光的旅客總不免要到華盛頓紀念碑一遊。不過紀念碑遊客如織，導遊大概會告訴你，光是排隊等電梯搭上紀念碑頂，就要等上兩個鐘頭。但是他還會加上一句：「如果你願意爬樓梯，那麼一秒鐘

也不必等。」

　　仔細想想，這句話說得多麼真切！不止華盛頓紀念碑如此，對於人生之旅又何嘗不是如此！說得更精確一點，通往人生頂峰的電梯不只是客滿而已，它已經故障了，而且永遠都修不好，每一個想要往上爬的人都必須老老實實爬樓梯。只要你願意爬樓梯，一次一步，那麼我們將在頂峰相會。

做出決定要果斷

　　一位四十二歲，名叫尼爾‧巴特勒的探險者，在人煙稀少的加拿大西部雪地上行走時，突然被捕熊器牢牢夾住了腳。更可怕的是，這一地區晚間溫度會降到零下幾十度，遇此絕境，要不是被凍死，就是得斷腿逃命。經過慎重思考，他果斷選擇了後者，「給自己截肢」。當做出選擇後，他嘴裡咬住帽子以防在痛苦中喊叫時咬傷舌頭；他用血洗刀，權當消毒；他用衣服紮住小腿來止血；然後用鋸齒刀鋸斷自己的腿骨。他終於將自己從捕熊夾中解救出來，用雪埋好斷肢，以備之後能接上。他做完這些事後，開了一百五十多公里的車，才找到森林外緣的一個醫療站，說明情況並告訴醫生「我的腳還在雪地裡」之後癱倒了。

　　後來，他的腳並沒有保住，但他智慧的選擇卻保住了生命。像壁虎一樣，每每尾巴被其他動物抓住時，就採取斷尾求生之法，這也是一種有智慧的行動。

　　拿破崙‧希爾發現，多數人都害怕決策失誤。這種擔憂有三個主要原因：

＊ **希望自己永遠正確**：有些人在諸如去看哪場電影、看哪個電視節目或去哪裡度假之類小事上，都不能下決心，是因為他們過於擔心會犯

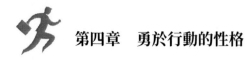

錯。並非因為決策事關生死，而只是因為人們不能容忍犯錯。

＊ **混淆客觀事實和主觀想法**：多數決定都需要以客觀事實為依據，也有很小一部分可以根據主觀感覺。如果不能分清兩者，則很難做出理性的決策。

＊ **擔心永遠承擔義務**：有些人認為決策一成不變、不可撤銷。這是不正確的，假如你決策失誤，最簡單的方法就是重新下決定，加以改正。

拿破崙・希爾指出，實踐加經驗才能造就果斷，想要學會怎樣做出正確決策，你應遵守下列準則：

學會對自己的行為有自信，不要延誤，不要拐彎抹角。

弄清事實後再下決心，然後充滿自信的下達命令。

給自己規定一個合理的決策期限。具體的期限可以迫使你掌握事實。

盡量限制選擇範圍。例如，你在挑選新地毯，由於選擇範圍太寬，不知該選哪一塊，這時就要縮小範圍，方法是每次只看三塊，挑出一塊最好的，然後再看另外三塊，挑出其中最好的，依次挑下去，之後把選出的最好的毯子放在一起，再重複同一方式直到最終只剩下一塊為止。你也可以用同樣的方法挑選西服、鞋襪、外套、領帶等等。

重新檢查做過的決定，看看是否妥當及時。

分析他人所做的決定。假如不同意它，要確認不同意的原因是否妥當，合不合邏輯。

增廣眼界。方法是研究他人的行為，從其成功或失敗中獲益。

不要小題大作，要為重大決策積蓄能量。不要為了決定晚餐吃蘆筍還是豌豆而大傷腦筋。

遲疑不決不可取

在我們前進的道路上，有無數大大小小的事等著我們去決定。在我們做出重大決定時，很有可能會犯下重大錯誤。也許是因為過去犯了嚴重的錯誤，大部分的人只會往後看，站在那兒惋惜不已。「如果我知道得更多」，或者「如果我有更多時間決定，每件事都會有很不一樣的結果」。

許多人都害怕做決定，因為每個決定對這些人而言，都是未知的冒險，而且最令人困惑的是，不知道這個決定是否重要。因為不知道這一點，他們毫無頭緒的浪費力氣，擔憂無數的問題，最後什麼都沒處理好。做決定就像在不知道內心真的想要何物時，隨手丟銅板一樣。焦慮感會逼迫、強迫我們根據眼前所見的狀況行動。很不幸的是，留給我們決定態度或任何選擇的時間都太短了。瞬間的決定通常最軟弱，因為它們建立在只對眼前狀況有用的選項上。結果總是不好的，因為迫使我們做出這種決定的力量，經常會扭曲了事實、混淆了真相。當所有的決定都取決於現在時，最好的決定其實是老早以前就決定的那一個。

決定應該會反映我們的目標，假如目標是明確的，則要下決定就比較容易。沒有目標的決定只是在那裡瞎猜而已。對我們最好的決定可能不是最吸引人的，或是能讓我們最快得到滿足的那一個，這就是為什麼「做決定」這件事，顯得如此複雜的原因。

想想自己在做事的時候，也因為優柔寡斷而痛失過很多的機會，因此而後悔；後悔就是一種很痛苦的煩惱狀態。我從此再也不會讓自己因為優柔寡斷而痛苦了。

在生活中，讓人完全舒服的抉擇很少。人的一生中所做的重大決定，大多有猶豫退縮的時候。有時放棄現在的享樂和做某些犧牲，是享受長期

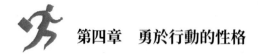

快樂的唯一法寶。有時候做一些表面上看起來似乎比起另一個選擇差的決定，是能達到目標的僅有的方法。

在能夠做出最佳決定前，我們必須要先分辨，這是個主要決定還是次要決定。主要決定值得我們花全部或大量的注意力和精力；而次要的決定則不需要。經常做出正確決定的人，會忽略那些明顯的小缺點，因為那對他們的生活沒什麼太大的影響。但是，一旦他們確定小疏漏會產生大影響時，就會快速做出反應，然後採取相應的措施。

對長期的問題提出短期的解決之道，通常是不佳的決定。做出這種決定的人，可能沒有意識到長遠目標，或者只因為短期目標看起來比較容易達成，就選擇了它。有許多短期的目標是在害怕失敗的壓力之下決定的。試著花點時間來做決定，問問自己：「我會因等待而失去什麼？我可能贏得什麼？」雖然並不能完全確定決定是對的，但是花點時間來思考，它正確合理的可能性通常更大。

人們通常下決定是因為他們不能夠忍受遲疑不決，年輕人尤其如此。由於社會的期待與影響，許多年輕人還不清楚自己到底想要什麼的時候，就不得不做決定、做選擇、做計畫，並且去努力實現它們。於是，有些人在他們還猶豫不定時就做了選擇。儘管這樣做有時是不明智的、甚至是糟糕的，他們也還是會覺得解脫，感覺比較好過，但是他們很快就會發現那更不好受。

遲疑不定有時會讓人感到迷茫。但是通常在一陣迷茫之後，有人就有可能放棄舊的想法和偏見，讓問題更清晰可見，把目標加以調整，根據另外的思考模式來做決定。從這個意義上來說，猶豫不決可能是一個相當有價值的成長階段的開始，每個人都應該珍視它並從中獲取一些有用的東西，彌補我們的缺陷。

假如某個決定不能使人快樂，並不意味著它是錯誤的，因為沒有哪個決定會讓所有人都高興，我們只能選擇更為容易完成目標的決定。但是，假如你不知道你的目標如何，就先別妄下決定。

是否行動往往決定著能否成功

《思考的人》一書的作者詹姆斯‧E‧艾倫說過：生活中百分之九十的時間只是在混日子。大多數人的生活層次只停留在：為吃飯而吃飯、為搭車而搭車、為工作而工作、為了回家而回家。他們從一個地方逛到另一個地方，事情做完一件又一件，好像做了很多事，但卻很少有時間從事自己真正想完成的目標。就這樣，一直到老死。我猜想很多人直到退休時，才發現自己虛度了大半生，剩餘的日子又在病痛中一點一點的流逝。

成功與失敗之間的距離，並不如大多數人想像的是一道巨大鴻溝。成功與否的差別只在一些小小的動作：每天花五分鐘閱讀、多打一個電話、多努力一點、在適當時機的一個表示、表現上多花一點心思、多做一些研究，或在實驗室中多試一次。

奧格‧曼狄諾講過這樣一個故事：

曾經有一位六十三歲的老人從紐約市步行到了佛羅里達州的邁阿密市。經過長途跋涉，克服了重重困難，她到達了邁阿密。在那裡，有位記者採訪了她。他想知道，這路途中的艱難是否曾經嚇到她？她是如何鼓起勇氣，徒步旅行的？

「走一步路是不需要勇氣的」，老人答道，「我所做的就是這樣。我先走了一步，接著再走一步，然後再一步，我就到了這裡。」

是的，做任何事，只要你邁出了第一步，然後再一步步走下去，你就

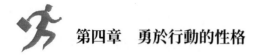

會逐漸靠近你的目的地。如果你知道你具體的目的地，而且向它邁出了第一步，你便走上了成功之路！

我們大多數人都聽說過，寫下自己目標的人比沒有寫下自己目標的人更容易成功。

在實現目標方面，拿破崙‧希爾信奉「欲速則不達」的格言，他主張採取初級步驟行動，而不是邁開大步向前。他建議——特別針對年輕人——可以先採取初級步驟，不要追求一蹴而就。例如，如果你想擁有健美的身材，他會建議你做比自己想做的事情要少一點，使自己不太成功，而不是試圖向前邁出一大步。不是去健身房一個小時，而是只去二十分鐘。

換句話說，設定一個不太成功的目標，然後強迫自己堅持它。這樣你就不會覺得壓力太大，而是覺得能夠應付。由於覺得自己能夠應付，你會發現自己渴望去健身房，或做其他生活中需要你做或改變的事情。總之，擁有宏偉的大膽的夢想，然後每天做一點事情，也就是說，用小步而不是邁大步越過懸崖。設定可以達到的每日目標，這樣，當你實現目標後，就會有一種積極的強化力量，證明你在通向遠大目標的道路上不斷前進。

要想成功就必須付諸行動

有這樣一個故事：

某個農村遭受了乾旱的侵襲，那地方已經好幾個月沒下過一滴雨，土地乾裂，地面上的土被風吹走了，農作物枯萎，牲畜也都奄奄一息。於是，這個地區一間小教堂的牧師，有個禮拜天就對村民說：「讓我們這星期都來禱告，祈求上天降雨。憑著你對上帝的信心，讓我們在下個禮拜天

創造一個奇蹟 —— 一場傾盆大雨。」然而接下來的一整個星期，乾旱依然籠罩著這個村莊。

到了下一個禮拜天，這名牧師就問來做禮拜的人：「你們有沒有祈雨呢？」

所有的人都高聲回答：「有。」

「你們有沒有信心，老天爺一定會下雨呢？」

大家都說：「噢，有，當然有啊。」

這名牧師就笑了，他說：「我不相信，如果你們有信心的話，就應該帶著你們的雨傘來的。」

事實上，沒有一個人有帶傘。這故事就是說空有信心，卻沒有行動。說到雨，沒有任何人在採取行動上比諾亞和他的家人來得更徹底了。根據傳說，當諾亞開始建造方舟時，天空根本還沒開始下雨呢。

制定目標是為了達到目標，目標制定好之後，就要付諸行動去實現它。如果不化目標為行動，那麼所制定的目標就成了毫無意義的東西。

實際上，制定目標相對而言倒是很容易，難的是付諸行動。制定目標可以坐下來用腦子去想，實現目標卻需要扎扎實實的行動，只有行動才能化目標為現實。

許多人都制定了自己的人生目標，從這一點來說，每一個人似乎都是一個謀略家。但是，相當多的人制定了目標之後，便把目標束之高閣，沒有投入實際行動，結果到頭來仍然是一事無成。

目標已經制定好了，就不能有一絲一毫的猶豫，而要堅決的投入行動。觀望、徘徊或者畏縮都會使你延誤時間，以至使計畫化為泡影。

不論做任何事情，都必須拚命去做，如果要半途而廢，倒不如不做來得好。最重要的是把全副精神集中在自己的工作上。當你決定去做某一件

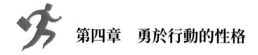

第四章　勇於行動的性格

事情時，它要不是一定有去做的價值，要不就是沒有去做的價值，答案不可能有中間解，所以一旦決定了去「做」之後，就要集中精神去做。例如，當你在閱讀荷馬史詩時，應將全副精神集中於這些作品上，一邊想著它所寫的是否正確，一邊學習其優美的措詞和詩句，絕對不可以將心神轉移到別的作品上。

萬事起頭難！要做成一件事情，人們總是覺得邁第一步困難重重，總是下不了決心。於是便遲疑不決，猶豫不定，今日推至明日，明日推至後天，這樣推來推去便延誤了時間，也就推遲了成功之日的到來。

在《聖經》中，耶穌講了一個故事。

有一天，一個父親對大兒子說：「兒啊，你今天到我的葡萄園去工作。」

「我不去，我不想工作。」老大回答說。

老大拒絕聽父親的話，就走開了。過了一會，他坐下想想，就懊悔自己的行為。他想：「我錯了，我不該違背父親。我雖然說不去，可是我還是應該到葡萄園工作的。」

他立刻起身到葡萄園去，使勁工作，藉以彌補他的過失。

這時，父親又去找小兒子，對他說同樣的話：「兒啊！你今天到我的葡萄園去工作。」

小兒子一口答應：「我去，父親。我這就去。」

可是過了一會兒，小兒子想：「我是說過我會去，可是我並不想去！你以為我會在父親的葡萄園工作嗎？才不呢。」

過了幾個小時，父親到葡萄園去看看。不料，竟發現老大在園裡拚命工作，卻不見小兒子的蹤影。小兒子不守信用，違背了諾言。

講完了這個故事，耶穌轉身問周圍的人：「這兩個兒子，哪一個照父

親的意思做了呢？」

周圍的人馬上回答說：「當然是到葡萄園工作的那個老大。」

這個故事告訴我們：行勝於言，只有採取積極有效的行動，才能實現人生的目標。

《聖經》上有這樣一段話：「凡聽了我這些話而實行的，就好像一個聰明人，把自己的房屋建在磐石上：雨淋，水沖，風吹，襲擊那座房屋，它並不坍塌，因為基礎是建在磐石上；凡聽了我這些話而不實行的，就好像一個愚昧人，把自己的房屋建在沙土上：雨淋，水沖，風吹，襲擊那座房屋，它就坍塌了，且坍塌得很慘。」

有信心卻不行動，是不能成就什麼的，正如《聖經》上所說：「只有信心而不付諸行動，無異於無信心。」這是千古不變的真理。所以如果你對自己有信心，相信自己一定可以成為自己想要做的人，那麼就付諸行動吧。

一個人要做一件事，常常缺乏開始做的勇氣。但是，如果你鼓足勇氣開始做了，就會發現做一件事最大的障礙，往往是來自自己的內心，更主要的是缺乏行動的勇氣，有了勇氣下決心開了頭，似乎再往下做就會是順理成章的事情了。

有了第一步，就會有第二步、第三步……這樣不斷做下去，你就會發現離目標越來越近，你的目標正在漸漸化為現實。

朝著你確定的目標持之以恆、鍥而不捨的做下去，這便是實現任何目標唯一的辦法，除此之外再也沒有第二條路可走。

立即將計畫付諸行動

　　我們的幻想可能毫無價值，我們的計畫可能付諸東流，我們的目標可能難以達到。一切的一切都可能毫無意義，除非我們付諸行動。

　　一張地圖，不論多麼詳盡，比例多精確，它永遠不可能帶著看它的人在地面上移動半步。一個國家的法律，不論多麼公正，永遠不可能防止罪惡的發生。任何寶典，永遠不可能創造財富。只有行動才能使地圖、法律、寶典、夢想、計畫、目標具有現實意義。行動，像食物和水一樣，能滋潤你，使你成功。

　　拖延使我們裹足不前，它來自恐懼。我們從所有勇敢的心靈深處，體會到這一祕密。我們知道，要想克服恐懼，必須毫不猶豫，起而行動，唯有如此，心中的慌亂方得以平定。現在我們知道，行動會使猛獅般的恐懼，減緩為螞蟻般的平靜。

　　我們要記住螢火蟲的啟示：只有在振翅的時候，才能發出光芒。我們要成為一隻螢火蟲，即使在豔陽高照的白天，也要發出光芒。讓別人像蝴蝶一樣，舞起翅膀，靠花朵的施捨生活；我們要做螢火蟲，照亮大地。

　　我們不把今天的事情留給明天，現在就去行動吧！即使我們的行動可能不會帶來快樂與成功，但是動而失敗總比坐以待斃好。行動也許不會結出快樂的果實，但是沒有行動，所有的果實都無法收穫。

　　七年前，小李和四個同學一起籌建公司，專攻商業管理系統的軟體發展。

　　一年後，資金快要耗盡時，曙光乍現：一家即將開業的超市準備安裝一套電腦管理系統。小李滿懷信心的去談生意，超市總經理嫌他們公司太小，一口回絕了他。

這讓小李沮喪到了極點。這時，一個同學講起了烏鴉獵羊的故事：烏鴉不會捕獵，就跟在羊群後面，將羊的糞便衛起飛到空中。一旦烏鴉發現了狼，就將羊糞投下去。狼聞到新鮮的羊糞味，很快就能找到羊群並有所收穫。狼吃飽離去後，烏鴉就可以飽享一頓羊肉大餐。

聽完這個故事，小李找了一家實力雄厚的大公司，撮合其與那家超市簽約，他們不從中拿一毛錢的利潤，但是作為提供資訊的交換條件，那套電腦管理系統的安裝和測試必須由他們一手完成。

隨後的三天三夜，小李的團隊沒出過超市的大門，渴了就喝點水，餓了啃幾口餅，因為他們知道，自己要獵的「羊」不是金錢，而是信譽。

測試結果一切正常，超市總經理非常滿意。如今，這座城市裡有一半的超市都由小李的公司安裝電腦管理系統，他們的業務還拓展到了別的地方，這一切都歸功於那次成功的「獵羊」行動。

立刻行動。立刻行動。立刻行動。從今以後，我們要一遍又一遍、每時每刻重複這句話，直到成為習慣，就像呼吸一般；成為本能，就像眨眼一樣。有了這句話，我們就能調整自己的情緒，迎接失敗者避而遠之的每一次挑戰。

清晨醒來時，失敗者流連於床榻，我們卻要默念這句話，然後開始行動。

外出推銷時，失敗者還在考慮是否會遭到拒絕的時候，我們要默念這句話，面對第一個來臨的顧客。

面對緊閉的大門時，失敗者懷著恐懼與不安的心情，在門外等候；我們要默念這句話，隨即上前敲門。

面對誘惑時，我們要默誦這句話，然後遠離罪惡。

只有行動才能決定我們在商業場上的價值。若要加倍提升我們自身的

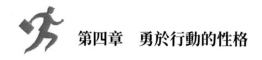

價值，我們就必須加倍努力。我們要前往失敗者懼怕的地方，當失敗者休息的時候，我們要繼續工作。失敗者沉默的時候，我們開口推銷。我們要拜訪十戶有可能買下東西的人家，而失敗者在一番周詳的計畫之後，卻只拜訪一家。在失敗者為時已晚時，我們能夠說大功告成。

現在是我們的所有。明日是為懶惰者保留的工作日，但我們並不懶惰。明日是棄惡從善的日子，但我們並不邪惡。明日是弱者變為強者的日子，但我們並不軟弱。明日是失敗者藉口成功的日子，但我們並不是失敗者。

我們是雄獅，我們是蒼鷹，餓則食，渴則飲。除非行動，否則死路一條。

我們渴望成功、快樂、心靈的平靜。除非行動，否則我們將在失敗、不幸、夜不成眠的日子中死亡。

成功不是等待。如果我們遲疑，她會投入別人的懷抱，永遠棄我們而去。

就在此時，就在此地，這是我們的決定：現在就付諸行動。

培養立即行動的優秀性格

法蘭克‧貝特格（Frank Bettger）有這樣一段話：「播下一個行動，你將收穫一種習慣；播下一種習慣，你將收穫一種性格；播下一種性格，你將收穫一種命運。」

為了積極付諸行動，你在自我控制的同時，要用同樣的內部力量激勵自己。什麼是激勵？激勵就是鼓舞人們做出抉擇並從事行動，即「內部催動」。本能、熱情、情緒、習慣、態度、衝動、願望或想法，能激發人行

動起來。沒有人是不受到激勵而去做任何事的。激勵的動機有很多，其中十種最基本的是：

1. 自我保護的願望；
2. 愛的情緒；
3. 恐懼的情緒；
4. 性的情感；
5. 對今後生活的願望；
6. 謀求身心自由的願望；
7. 憤怒的情緒；
8. 憎恨的情緒；
9. 尋求認知與自我表現的願望；
10. 獲得物質財富的願望。

這些都是需要自我激勵與自我控制的。人是動物界中唯一有智慧的成員，只有人才能以理性控制自己。

自我激勵會帶給你無窮的力量。自我激勵的祕訣就是「行動」。自我催動法實際上就是一句自我激勵警句：「立即行動！」無論何時，當「立即行動」這個警句從你的潛意識裡閃現到意識中時，你就該立即行動。

有三個旅行者徒步穿越喜馬拉雅山，他們一邊走一邊談論一堂勵志課上講到的凡事必須付諸實踐的重要性。他們談得津津有味，以至於沒有意識到天太晚了，感到飢餓時，才發現僅有的一點食物就是一塊麵包。

這幾位虔誠的教徒，決定不討論誰該吃這塊麵包，他們要把這個問題交給老天來決定。這個晚上，他們在祈禱聲中入睡，希望老天能發一個信號過來，指示誰能享用這份食物。

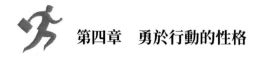# 第四章　勇於行動的性格

第二天早晨，三個人在太陽升起時醒來，又在一起談開了——

「我做了一個夢，」第一個旅行者說，「夢中我到了一個從未去過的地方，享受了有生以來我一直夢寐以求而從未得到的難得的平靜與和諧。在那個樂園裡面，一個長著長長鬍鬚的智者對我說：『你是我選擇的人，你從不追求快樂，總是否定一切，為了證明我對你的支持，我想讓你去品嘗這塊麵包。』」

「真奇怪，」第二個旅行者說，「在我的夢裡，我看到了自己神聖的過去和光輝的未來。當我凝視這即將到來的美好時，一個智者出現在我面前，說：『你比你的朋友更需要食物，因為你要領導許多人，需要力量和能量。』」

然後，第三個旅行者說：「在我的夢裡，我什麼都沒有看見，哪裡也沒有去，也沒有看見智者。但是，在夜晚的某個時候，我突然醒來，吃掉了這塊麵包。」

其他兩位聽後非常憤怒：「為什麼你在做出這個自私的決定時不叫醒我們呢？」

「我怎麼有辦法？你們倆都走得那麼遠，找到了大師，又發現了如此神聖的東西。昨天我們還在討論勵志課上學到的要採取行動的重要性呢。只是對我來說，老天的行動太快了，在我餓得要死時及時叫醒了我！」

所以，平時我們就要養成一種習慣：用自我激勵警句「立即行動」，對某些小事情做出實際的反應。這樣，一旦發生了緊急事件，或者當機會自行到來時，你同樣能作出強而有力的反應，立即行動起來。

假如你應該打一通電話，但由於拖延的習慣，你沒有去打這通電話。如果自我激勵警句「立即行動」在你的意識裡起了作用，你就會立刻去打這個電話。又假設你把鬧鐘定在上午六點。當鬧鐘鈴響時，你睡意仍濃，

於是起身關掉鬧鐘，又回到床上去睡。久而久之，你會養成早晨不按時起床的習慣。但如果你聽從「立即行動」這一命令的話，你就會立刻起床，不再睡懶覺。

一個勤奮的藝術家，會力圖不讓任何一個想法溜掉。當他產生了新的靈感時，便立即把它記下來，即使是在深夜，他也會這樣做。他的這個習慣十分自然，毫不費力。對他來說，這就像是你想到一個令人愉快的念頭時，你就不自覺笑起來一樣。

許多人都有拖延的習慣。由於這種習慣，他們可能出門錯過車，上班遲到，或者失去可能更好的改變他們整個生命路線的良機。歷史已經記錄了，有些戰役的失敗僅僅是由於某些人錯過了採取得力行動的良機。

記住自我發動的警句：「立即行動！」

「立即行動！」可以影響你各方面的生活。它能幫助你去做你所不想做而又必須做的事，同時也能幫助你，去做那些你想做的事。它能幫助你抓住寶貴的時機，這些時機一旦失去，就絕不會再回來，哪怕只是打電話給你的一位夥伴，告訴他：你很想念他。

自我發動警句「立即行動！」是一句重要的自我激勵語句。記住了這一句話便是向前走了重要的一步。

第四章 勇於行動的性格

讓立即行動成為自己的性格

如何努力實現目標是每個人都很關心的問題，克萊門特‧史東（William Clement Stone）先生對這一問題進行過深入的研究，他給我們的建議是：

(1) 每天審視這些目標，充分感受它們實現時的快樂

當你制定出了所要追求的目標，同時也給這些目標找到了必須實現的充分理由後，要實現目標的整個行動便已經展開。要確保所制定的目標能夠實現，你必須預先調整自己的神經系統，確定這些目標能帶給你快樂，也就是說你一天至少得審視兩次這些目標，充分感受它們實現時的快樂。

當你不斷把注意的焦點投射在這種情境之中，你的大腦便會形成一條神經通道，把你的現狀和期待的未來串在一起，讓你對目標的實現有強烈的把握，進而使你拿出有效且成功的行動。所以，不要坐在那裡浪費時間，現在就開始行動起來吧！

當我們制定了目標之後經常只想到怎麼去實現，卻忽略了會對周圍產生什麼樣的影響。追求目標的過程事實上是一個連鎖反應，所造成的最終結果往往不是我們先前所能想到的。我們都知道花朵之所以能繁衍，蜜蜂扮演了極為重要的角色。然而蜜蜂是為花朵傳遞花粉而生的嗎？答案是「否」，蜜蜂的工作乃是從花朵之中汲取蜜汁，可是在牠取蜜的過程之中，腳上卻沾上了花粉，當牠飛到另一朵花上時就把花粉傳過去了，這種為花授精的工作產生連鎖反應，結果是整個山谷開滿五彩繽紛、爭奇鬥豔的花朵。

企業家成立公司的目的在於營利，可是卻提供了人們就業的機會，因而促進員工的成長和提升他們的生活水準。我們工作雖說是為了賺取生活

所需，可是卻因此得以培植自己的孩子接受良好教育，日後成為醫生、藝術家、企業家、科學家以及為人父母。這種連鎖反應無休無止。

目標不是終點，乃是為達到終點的手段，引導我們的方向。追求目標的目的在於拓展人生、不斷成長。實現目標並不保證能給我們永遠的快樂，然而在這個過程中克服無數困難的經歷，卻可使我們有最真切、最持久的成就感。要想達成目標固然得拿出行動，可是你可曾想過，要把看不見的夢想化為看得見的事實，你得具備什麼樣的特質嗎？在此請你好好想一想，並把答案寫下來。

(2) 立刻讓自己行動起來

制定目標或許還不算太難，可是要能貫徹到底就不是一件容易的事了。相信很多人都有過這樣的經驗，剛定好目標時頗有磨刀霍霍的幹勁，可是過了三個星期後就沒勁了，更別提實現目標的自信，早已蕩然無存。當你擬定一項目標後，首要的步驟就是把它寫在紙上，這樣才能使目標具體化，遺憾的是大多數人連這麼簡單的步驟都不做。

當你把目標寫下來之後，隨之最重要的一步就是立即讓自己動起來，向著把目標實現的方向拿出具體的行動，可別一拖再拖。你先別管要行動到什麼程度，最重要的是要動起來，打一個電話或擬出一份行動方案都是可行的，只要在接下來的十天內每天都有持續的行動。當你能這麼做時，這十天小小的行動必然會形成習慣，最終把你帶向成功。

如果你個人成長的目標是一年之內學好爵士舞的話，那麼就「先讓手指頭動起來」，你不妨今天就去找個訓練班，隨之便註冊入學，安排出練習的時間。

如果你的興趣喜好目標是一年之內買輛賓士汽車的話，那麼就請代理

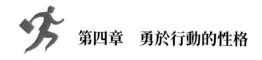

商寄一份有關賓士汽車的資料給你，或者當天下午親自跑一趟，去了解一番。這並不是要你馬上就買，只不過當你了解了價格和性能之後，會更加強你要買的決心。

如果你的事業經濟目標是在一年之內賺到十萬美元的話，那麼現在就立刻擬出必須採取的步驟。有哪個已經賺到這麼多錢的人可以提供你建議？你是否得考慮另謀一份工作來增加收入？你是否應該減少開支，把節省下來的錢拿去投資？你是否應該去創個新事業？你是否需要去尋找什麼樣的資源？

(3) 實現了所期望的目標後，要馬上制定後續的目標

如果你沒有後續的目標，那麼前一個目標的實現就長遠的觀點來看未必是好的。許多人之所以活得那麼有勁，就在於他有個值得活下去的目標，如果那個目標實現後卻沒有後續的目標，這會使人覺得內心十分空虛，人生變得沒有意義。

最典型的例子可見阿波羅登月計畫的那些太空人，在受訓期間他們都非常認真且有勁的學習，因為在他們面前的是一件人類歷史上前所未有的壯舉：登上這塊滿是神話的處女地。當他們終於登上了月球，極度興奮之後卻是如狂濤般捲來的嚴重失落感，因為接下來將很難再找到像登上月球這麼值得讓他們挑戰的目標。或許「外太空」的探險之外我們也可以來探險「內太空」，好好研究迄今尚未有多少人接觸與了解的「人類心靈」。

有些女孩子為了她們的婚禮可以忙上好幾個月、甚至於一整年，投下的精力真是難以估計，所求的只是為了有個終生難忘的美好回憶。當婚禮耀眼的燈光慢慢隱去，年輕的新娘也如前面所說的那些太空人一樣心情極度消沉，人生中最期望的高潮過後還會有下一波的高潮嗎？這種現象真是

讓人感到遺憾。

當一個人實現了所期望的目標後，若要繼續維持先前的熱情和衝勁，那就得立即再制定出一個足以讓他動心的目標，如此才可以使他先前實現目標的興奮心情，不著痕跡的投注到另一個新目標上，讓他能夠繼續成長下去。若無成長的動機，人生就會停滯，人的老化不始於肉體，而是始於精神。

把服務社會當成是人生永遠的目標，這可以使你不陷入失落感的陷阱裡。去找一個幫助人的方式，對那些迫切需要幫助的人伸出援手，你的一生將會過得生龍活虎。在這個世界裡你永遠不用擔心找不到能讓你付出時間、精力、金錢、愛心和創造力的地方。

做一個有主意並善抉擇的人

《最偉大的力量》一書的作者 J・馬丁・科爾（J.Martin Col）說：「世間最可憐的，是那些做事舉棋不定，猶豫不決、不知所措的人，是那些自己沒有主意，不能抉擇的人。這種主意不定、意志不堅的人，難以得到別人的信任，也就無法使自己的事業獲得成功。」

優柔寡斷的人，不敢決定每件事，他們算不準決定的結果是好還是壞，是凶還是吉。有些人的本領不差，個性也好，但就是因為寡斷，往往錯過了許多好機會，一生也未能成功。而能決斷的人，即使會犯些小錯誤，也不會給自己的事業帶來致命的打擊，因為他們對事業的推動，總比那些膽小狐疑的人敏捷得多。站在河邊呆立不動的人，永遠也不可能渡過河去。

美國前總統林肯，在上任後不久，有一次將六個幕僚召集在一起開會。林肯提出了一個重要法案，而幕僚們的看法並不統一，於是七個人便熱烈爭論起來。林肯在仔細聽取其他六個人的意見後，仍認為自己是正確

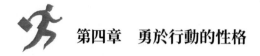
的。在最後決策的時候，六個幕僚一致反對林肯的意見，但林肯仍堅持己見，他說：「雖然只有我一個人贊成，但我仍要宣布，這個法案通過了。」

如果你有寡斷的傾向或習慣，你應該立刻下決心改正它，因為它足以破壞你各種進取的機會。在你決定某件事以前，你應該對這件事有全面的了解。你應該運用全部的常識和理智，鄭重考慮，但一經決定以後，就不要輕易反悔。

漢朝初年，匈奴一直是漢朝邊境上的大敵，雙方交戰多年，損失都很慘重。到了漢武帝執政的時候，西漢王朝國力強盛，兵精糧足，逐漸在與匈奴的戰爭中掌握了主動權，同時也湧現出了一批傑出的軍事將領，霍去病就是其中一個突出的代表。

霍去病，是西漢武帝時期的著名將領，河東平陽（今山西臨汾西南）人。是大將軍衛青的外甥，深受漢武帝劉徹的喜愛，十八歲就被封為高官。他善於騎馬射箭，跟著他的舅舅衛青與匈奴交戰多次，一次未敗，戰功卓著。

元朔六年（西元前一二三年），漢武帝又一次籌畫了一場大規模的對匈奴反擊戰，即歷史上著名的漠南之戰。當時還不到十八歲的霍去病主動請纓，武帝就封他為驃姚校尉隨軍出征。

在戰場上，霍去病帶領八百名騎兵，憑著一腔年輕氣盛，在茫茫大漠裡奔馳數百里尋找敵人蹤跡，結果他獨創的「長途奔襲」遭遇戰首戰告捷，殺死兩千多匈奴兵，還把匈奴單于的兩個叔叔一個殺死，一個活捉，而西漢軍隊毫髮無損。漢武帝十分高興，立即將他封為「冠軍侯」，取「勇冠三軍」之意。這就是今日體育比賽中「冠軍」的來歷。

由於漢武帝的寵愛，霍去病出征的時候帶領的都是最精銳的士兵，其他人帶的兵士都不如他的。他作戰時喜歡深入匈奴腹地，去尋找匈奴主

力，而且從來沒有吃過虧，全都是凱旋而歸。因此，他當時受到的器重可以和他的舅舅衛青相比，但不可避免的，總會有人說閒話。

漢武帝為了顯示自己的眼光獨到，沒有看錯人，於是就在元狩二年（西元前一二一）的春天，任命霍去病為驃騎將軍，讓他獨自率領精兵一萬出征匈奴。這就是著名的河西大戰。

身為一個只有十九歲的年輕人，霍去病不負眾望，在茫茫大漠中閃電奔襲，六天中，他轉戰匈奴五部落，一路猛進，並且在皋蘭山與匈奴盧侯王、折蘭王打了一場遭遇戰。在這場戰鬥中，霍去病和他的部下奮力廝殺，殺死了匈奴盧侯王和折蘭王，活捉了渾邪王子及相國、都尉，匈奴兵幾乎全軍覆沒，就連匈奴人祭天的神像也成了漢軍的戰利品。當然，勝利是慘烈的，西漢軍隊一萬精兵，七千餘人戰死沙場。漢王朝中再也沒有人質疑少年霍去病的統率能力，他成了西漢軍人的偶像，更成了令匈奴人聞風喪膽的「戰神」。

河西大戰後，因為匈奴渾邪王損失了幾萬軍隊，單于非常憤怒，就想殺掉渾邪王。渾邪王當然不想坐以待斃，就在暗地裡派使臣去向漢武帝請降。漢武帝接到消息，不太相信，慎重起見，他決定派霍去病率領大軍去接應。

霍去病的大軍到達渾邪王的駐地，與匈奴軍隊遙遙相望。匈奴兵看見漢軍人數眾多，也唯恐有變，不願意投降的就紛紛逃跑了。

霍去病見匈奴兵馬混亂，便當機立斷，只帶著幾名親兵奔入渾邪王大營中，和渾邪王相見，使他安心，還派人鎮壓了那些逃跑的匈奴兵將，多達八千多人。最後他統率著十萬匈奴降兵，安全回到了都城長安。

元狩四年（西元前一一九年），漢武帝決定發動一場決定性戰爭，計畫徹底消滅匈奴主力，掃平大漢王朝的北部邊境。

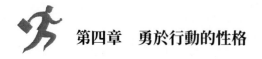

第四章　勇於行動的性格

　　這樣的戰爭，自然少不了霍去病，事實上這場戰爭成了霍去病的巔峰之戰。霍去病率領部隊長途奔襲兩千多里，殲滅匈奴人七萬多人，俘虜匈奴王爺三人，以及貴族高官八十三人。霍去病一路追殺，來到了今蒙古肯特山一帶。就在這裡，霍去病率領大軍進行了祭天地的典禮。這就是典故「封狼居胥」的來歷。

　　「封狼居胥」後，霍去病繼續率軍追擊匈奴人，追至寘顏山越信城（今蒙古國杭愛山南）而還。這時的霍去病由於戰功卓著，被漢武帝封為大司馬驃騎將軍。

　　經過這次戰爭，「匈奴遠遁，漠南無王庭」。匈奴人再也無力與西漢王朝作戰，漢朝北部邊境從此安靜了幾百年。

　　所以，在做重大決定時搖擺不定，不知所措是一個人性格的致命缺點。具有這種弱點的人，從來不會是有毅力的人。這種缺點，可以破壞一個人對於自己的信賴，可以破壞他的判斷力，更會有害於他的事業。

　　要成就事業，必須學會胸有成竹，使你的正確決斷穩固得像山嶽一樣。不為情感意氣所動，也不為反對意見所阻。

　　決斷、堅毅是一切力量中的力量。假如你想做一名成功的老闆，成就一番事業，你必須養成堅毅與決斷的能力，否則你的一生都將漂泊不定，事業也將無所成。

第五章
堅持不懈的性格

　　每個人都渴望成功，每個人都想得到成功的祕訣，但是成功並不是唾手可得的。我們常常忘記，即使是最簡單最容易的事，如果不能堅持下去，成功的大門絕不會輕易開啟。除了堅持不懈，成功並沒有其他祕訣。所以，一個人要想獲得成功，就必須具備堅持不懈的性格，只有在堅持不懈的性格的推動下，你才會在通往成功的道路上，不被困難和挫折所嚇倒。也只有這樣，成功才會在不遠的地方向你招手。

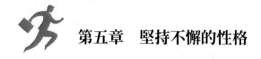

堅定的毅力能夠創造奇蹟

有人問上帝：「什麼樣的人活得最幸福。」

上帝回答：「強者。」

此人又問上帝：「什麼樣的人是強者。」

上帝沒有回答。

上帝沒有回答，但歷史卻用事實作了回答：所謂強者就是一個有堅強意志、頑強毅力、遇挫不撓、遇折不斷的人。

不管你是上帝的寵兒，還是人世間的幸運兒，你的一生都不可能八面玲瓏，左右逢源。當有一天不幸敲響了你人生的大門，譬如，你突然失去了自己的親人，突然病魔纏身，突然生意失敗，你怎麼辦？如果怨天尤人，號啕大哭甚或拋棄生命，那你就是一個弱者。你應該「臨危而不懼，處變而不驚」，應該沉著冷靜，不灰心、不氣餒，以超然的毅力、不拔的意志面對困難，接受困難，並戰勝困難！

毅力也稱意志或堅持力，是成才者必須具備的重要品性之一。西方有一句諺語：「有毅力的人，能從磐石裡擠出水來。」安格爾認為：「所有堅忍不拔的努力遲早會取得報酬的。」這些都說明了毅力的重要性。

狄更斯認為：「頑強的毅力可以征服世界上任何一座高峰。」富蘭克林認為：「唯堅忍者始能遂其志。」馬克·吐溫則認為：「人的思想是了不起的，只要專注於某一項事業，就一定會做出使自己感到吃驚的成績來。」從這些偉人、名人的格言中，我們可以體會到，毅力對於事業的成功具有多麼重要的意義。

可見，培養堅強的毅力，這是事業成功的基礎，也是致富的前提。古人云：「天將降大任於斯人也，必先苦其心志，勞其筋骨，餓其體膚，空

乏其身。」對此我們卻似乎不太在意，許多人遇到一點困難，一點挫折，就悲觀失望、灰心喪氣，結果自然是一事無成。缺乏毅力，是許多人的一個通病。不解決這個問題，而一味想成大事、創大業，是不實際的。

面對挫折不要輕言放棄

許多人遇到一點點困難或者受到一點點挫折，就輕率的放棄自己的目標，這是一種不負責任的態度 —— 你對自己都不負責任，還有誰能對你負責任呢？

有統計資料表明，現在日本有一萬三千五百間麥當勞店，一年的營業總額突破四十億美元。達成這兩個數目的人是一個叫藤田田的日本老人，日本麥當勞株式會社的名譽社長。藤田田一九六五年畢業於日本早稻田大學經濟學系，畢業之後隨即在一家大電器公司打工。一九七一年，他開始創辦自己的事業，經營麥當勞。麥當勞是聞名全球的連鎖速食公司，採用的是特許連鎖經營機制，而要取得特許經營資格需要具備相當的財力和特殊資格。

藤田田當時只是一個才出校門幾年、毫無家族資本支持的年輕人，根本不具備麥當勞總部所要求的七十五萬美元現款和一家中等規模以上銀行信用支援的苛刻條件。只有不到五萬美元存款的藤田田，看準了美國連鎖速食文化在日本的巨大發展潛力，決定要不惜一切代價在日本創辦麥當勞事業，於是他絞盡腦汁東挪西借款項。但事與願違，五個月下來，他只借到四萬美元。面對巨大的資金落差，要是一般人，也許早就心灰意懶，前功盡棄了。然而，藤田田卻具有對困難說「不」的勇氣和銳氣，偏要迎難而上，遂其所願。

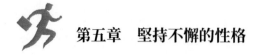

第五章　堅持不懈的性格

　　於是，在一個風和日麗的春天的早晨，他西裝革履、滿懷信心的跨進住友銀行總裁辦公室的大門。藤田田以極其誠懇的態度，向對方表明了他的創業計畫和求助心願。在耐心的細細聽完他的表述之後，銀行總裁作出了「你先回去吧，讓我再考慮考慮」的決定。

　　藤田田聽後，心裡立刻掠過一絲失望，但馬上鎮定下來，懇切的對總裁說了一句：「先生，可否讓我告訴你我那五萬美元存款的來歷呢？」總裁回答「可以。」

　　「那是我六年來按月存款的收穫，」藤田田說道，「六年裡，我每月堅持存下三分之一的薪水獎金，雷打不動。六年裡，無數次面對過度拮据或手癢難耐的尷尬局面，我都咬緊牙關，克制欲望，硬挺過來了。有時候，碰到意外事故需要額外用錢，我也照存不誤，甚至不惜厚著臉皮四處借貸，以增加存款。這是沒有辦法的事，我必須這樣做，因為在跨出大學門檻的那一天我就立下宏願，要以十年為期，存夠十萬美元，然後自創事業，出人頭地。現在機會來了，我一定要提早開創事業……。」

　　藤田田一口氣講了十分鐘，總裁越聽神情越嚴肅，並向藤田田問明他存錢的那家銀行的地址，然後對藤田田說：「好吧，年輕人，我下午就會給你答覆。」

　　送走藤田田後，總裁立即坐車前往那家銀行，親自了解藤田田存錢的情況。櫃檯小姐了解了總裁的來意後，說了這樣幾句話：「哦，是問藤田田先生啊，他可是我接觸過的最有毅力、最有禮貌的一個年輕人。六年來，他確實做到了風雨無阻，準時來我這裡存錢。老實說，這麼嚴謹的人，我真是要佩服得五體投地了。」

　　聽完小姐介紹後，總裁大為動容，立即打了藤田田家裡的電話，告訴他住友銀行可以毫無條件支持他創辦麥當勞事業。藤田田追問了一句：

「請問，您為什麼決定要支持我呢？」

總裁在電話那頭感慨萬千的說道：「我今年已經五十八歲了，再過兩年就要退休了。論年齡，我是你的兩倍，論收入，我是你的三十倍，可是，直到今天，我的存款卻還沒有你多……我可是大手大腳慣了。光憑這一點，我就自愧不如，對你敬佩有加。我敢保證，你會很有出息的。年輕人，好好幹吧。」

捫心自問，我們有藤田田那樣堅持不懈的恆心嗎？事實上，絕大多數人之所以沒有取得成功，恰恰就是因為缺乏這種毅力，這種恆心，這種進取之心。

在這個世界上，輕言放棄者比比皆是，其原因就是他們不能像松下幸之助那樣有一顆不屈不撓的進取之心。

日本松下電器公司總裁松下幸之助，年輕時家庭生活貧困，只靠他一人養家糊口。有一次，瘦弱矮小的松下到一家電器工廠去謀職。他走進這家工廠的人事部，向一位負責人說明了來意，請求安排一個哪怕是最低賤的工作給他。這位負責人看到松下衣著骯髒，又瘦又小，覺得很不理想。但又不能直說，於是就找了一個理由：我們現在暫時不缺人，你一個月後再來看看吧。這本來是個託詞，但沒想到一個月後松下真的來了，那位負責人又推託說此刻有事，過幾天再說吧，隔了幾天松下又來了。如此反覆多次，這位負責人乾脆說出了真正的理由：「你這樣髒兮兮的是進不了我們工廠的。」

於是，松下幸之助回去借了一些錢，買了一件乾淨的衣服穿上又回來。這人一看，實在沒有辦法，便告訴松下：「關於電器方面的知識你知道得太少了，我們不能要你。」兩個月後，松下幸之助再次來到這家工廠，說：「我已經學了不少有關電器方面的知識，您看我哪方面還有不

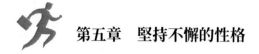

足，我一項項來彌補。」

　　這位人事主管盯著他看了半天說：「我幹這行幾十年了，頭一次遇到像你這樣來找工作的。我真佩服你的耐心和韌性。」結果松下幸之助的毅力打動了主管，他終於進了那家工廠。後來松下又以其超人的毅力逐漸鍛鍊成為一個非凡的人物。

　　具有堅定的毅力和恆心的積極心態，之所以對於一個人的成功如此關鍵，一個很重要的原因，是因為這種積極的心態，能激發你對事業的熱忱，激發你面對成功過程中的障礙時，能不屈不撓，奮勇向前的精神。

　　許多人都有這樣的經驗：當你工作勤奮、刻苦和心無旁騖時，你就會成功。愛德華‧阿普爾頓（Edward Appleton）是一位物理學家，發明了雷達和無線電報，獲得過諾貝爾獎。《時代》雜誌曾經引用他的一句話概括其成功的祕訣：「我認為一個人想在科學研究上取得成就，熱忱的態度遠比專門知識更重要。」已故的雷‧克羅克（Ray Kroc）是一位工作狂，也是個億萬富翁，到了七十三歲高齡，他仍風塵僕僕的巡迴視察各地麥當勞分店，看看停車廠是否整潔，及分店經理是否稱職。

　　雅詩‧蘭黛（Estée Lauder）是世界首席女富豪，多年來一直位居《財星》與《富比士》雜誌女富商榜首（英國女王伊莉莎白二世是財富最豐厚的女士，但她是世襲皇室人員，不能算「自我創業者」）。

　　這位當代「化妝品工業皇后」，白手起家，憑著自己的聰穎和對事業的高度熱忱，成為世界著名的市場推廣奇才。由她一手創辦的雅詩‧蘭黛化妝品公司，首創賣化妝品送贈品的推銷方法，使得公司脫穎而出，從而執化妝品業的牛耳，走在同行中的前列。

　　能創造如此輝煌的事業，不是靠世襲，而是靠她自己的勤勞奮鬥得來的。八十歲前的蘭黛，每天仍工作十多個小時，其工作熱忱與旺盛精力實

在令人驚訝。蘭黛退休後，仍然是退而不休，她每天照例穿著名貴的服裝，化妝得高貴大方，精神抖擻，周旋於名門貴戶之間，替公司作著「無形的宣傳」。

卡內基和希爾這樣的大富豪是如此，愛迪生這樣的大發明家是如此，雅詩·蘭黛這樣的大實業家是如此，阿諾·史瓦辛格、成龍這樣的世界超級巨星也是如此。他們在各自的事業上都攀上了高峰。宏大的志願、極端的熱忱、堅忍的意志，這些積極心態就是他們的成功之道。

堅忍是克服一切困難的保障

堅忍是所有成就大事業的人的共同特徵。他們中有的人或許沒有受過高等教育，或許有其他弱點和缺陷，但他們一定都是堅忍不拔的人。勞苦不足以讓他們灰心，困難不能讓他們喪志。不管遇到什麼曲折，他們都會堅持、忍耐著。

堅忍是克服一切困難的保障，它可以幫助人們成就一切事情，達到理想。有了堅忍，人們在遇到大災禍、大困難的時候，就不會無所適從；在各種困難和打擊面前，就仍能頑強生活下去。世界上沒有其他東西，可以代替堅忍。它是唯一的，不可缺少的。

以堅忍為資本去從事事業的人，他們所取得的成功，比以金錢為資本的人更大。許多人做事有始無終，就因為他們沒有充分的堅忍力，使他們無法達到最終的目的。然而，一個偉大的人，一個有堅忍力的人卻絕非這樣。他不管情勢如何，總是不肯放棄，不肯停止，而在再次失敗之後，會含笑而起，以更大的決心和勇氣繼續前進。

一個希望依靠智慧和努力獲得成功的人，也許要始終不停的問自己：

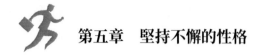

第五章　堅持不懈的性格

「你有耐性嗎？你有堅忍力嗎？你能在失敗之後，仍然堅持嗎？你能不管任何阻礙，仍然前進嗎？」

做任何事，是否不達目的不罷休，這是測驗一個人品格的一種標準。堅忍是一種極為可貴的德性。許多人在情勢順利時肯隨大眾向前，也肯努力奮鬥。但當大家都退出，都已後退時，還能夠獨自一人孤軍奮戰的人，才是難能可貴的。這需要很強的堅忍力。

堅忍的關鍵在於，先從事業、或是個人的長期目標上略退一步，先行掌握、解決短期性的問題，這便是以一日為單位的理論基礎。而求安然度過逆境的基本方法，就是調整情緒，度過今天 —— 不是一週、一月、或是一年 —— 只是二十四小時。早晨醒來時，你真正能掌握的，唯有今天而已。誰都無法將一隻腳遺留在過去，也無法單靠一隻腳便踏入未來。千萬不可拘泥於過去與未來，而眼睜睜任今日流逝。此時此刻，適度的幽默可以發揮絕佳的效果。

王某剛開始創業時，曾雇用了一位叫李某的高齡男子為辦公室的經理人。那時，李某已經七十多歲了。但是，每天早上他總是第一個到公司，永遠保持愉快的心情，而王某卻陰霾常布。有一天，他不慎陷入猶如鱷魚出沒、水深及膝的泥淖情緒之中，這時的他渴望有人能對自己稍加安慰，於是將心中的所有心事一股腦全告訴了李某，他沒想到的是，李某只是簡單回了他這麼一句，「是啊！這種事常有的嘛！而且，往後還有更糟的呢！」多少年後，王某還經常想起這句意味深長的話，當作茶餘飯後的笑談。

仔細想想，世事果真如此，總以為再也不會有比目前狀況更糟的了，實際上卻不然。在那段艱苦的日子裡，李某勸王某暫時關在自己的公司裡，集中心力思考自己人生好的一面。盡量去想些有關健康、溫馨的家庭、優雅的居住環境、好吃的食物、好朋友等種種美好的事物，以及生活

在美麗、自由的世界上等等瑣碎的事。

人們總是不懂得珍惜眼前所擁有的，直到失去了，方才後悔不已。「以一日為單位」解決問題，為求好的效果，忍耐是必要的。年輕人往往缺乏堅強的忍耐力，但是為了迎接人生的挑戰，忍耐實在是不可或缺的。法國諷刺作家兼醫師羅比萊斯，早在十六世紀時便說過：「堅忍卓絕之人，必能成就萬事。」莎士比亞也有相同的觀點，他說：「不具忍耐力者，實為赤貧之徒。」

無論有多少困難，事實上最多也不過堆積成一座山罷了。你要做的，只是將問題理清，「一次一項」予以解決，從而一波又一波、一日復一日的度過難關。這種方法絕非新創，許多人處於艱苦環境時，都是依此方式度過窘境的。你應該鍛鍊忍耐力，使自己在重重壓力之下，仍能保持清晰的思考。

生於西元前二百年的羅馬喜劇作家布勞道斯也說過：「忍耐，乃是所有困難的最佳解決方法。」所以我們也應該將此奉為座右銘，身體力行、親身感受，以「一日為單位」，鍛鍊自己的忍耐力。

堅持不懈才能實現目標

有一個寓言故事裡，耶穌說：「假設你半夜到你的朋友那裡去，說：『朋友，請借我三塊餅，因為我有一個朋友旅行來到我這裡，但我沒有什麼給他吃。』那人在裡面回答說：『不要打擾我。我的門已經關了，孩子們也和我在床上了。我不能起來給你。』我告訴你們，雖然他不像個朋友一樣起來給你，但只要你一個勁的敲下去，因為你的堅持，他就一定會起來照你所需要的給你。」

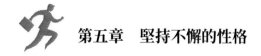

第五章　堅持不懈的性格

在所有那些最終決定成功與否的品性中，「堅持」無疑是你最終實現目標的關鍵。人們總是責怪命運的盲目，其實命運本身還不如人那麼盲目。了解實際生活的人都知道：天道酬勤，命運掌握在那些勤勤懇懇工作的人手中，就正如優秀的航海家駕馭大風大浪一樣。對人類歷史的研究表明，在成就一番偉業的過程中，一些最普通的品格，如公民意識、注意力、專心致志、持之以恆等等，往往有很大的作用。即使是蓋世天才也不能小看這些品格的巨大作用，一般人就更不用說了。

事實上，正是那些真正偉大的人物更相信常人的智慧與毅力的作用，而不相信什麼天才。甚至有人把天才定義為公民意識昇華的結果。一位學者指出，天才就是不斷努力的能力。約翰·福斯特認為天才就是點燃自己的智慧之火；波恩認為「天才就是耐心」。

瓦特（James Watt）可說是世界上最勤勞的人之一，他的生平、經驗都證明了這麼一個道理：那些天生具有偉大精力和偉大才能的人並非一定就能取得最偉大的成就，只有那些以最大的勤奮、最認真、訓練有素的技能 —— 包括來自勞動、實際運用和經驗等方面的技能，去充分發揮自己才能和力量的人，才會取得偉大成就。與瓦特同時代的許多人所掌握的知識遠遠多於瓦特，但沒有一個人像瓦特一樣刻苦工作，把自己所知道的知識服務於對社會有用的實用方面。在各種要素中，最重要的是瓦特那種對事業堅忍不拔的探求精神。他認真培養那種積極留心觀察的習慣，做生活的有心人，這種習慣是所有知識性工作的頭腦所依賴的。實際上，埃德奇沃斯先生就對這種觀點情有獨鍾：人們頭腦中的知識差異，很大程度上是由早年時代所培養起來的留心觀察的習慣所決定的，而不是由個人之間能力上任何巨大的差別來決定的。

甚至在孩提時代，瓦特就在自己的遊戲玩具中發現了科學性質的東

西。散落在他父親木匠房裡的扇形體激發他去研究光學和天文學；他那體弱多病的身軀促使他去探究生理學的奧祕；在偏僻的鄉村度假期間，他興致勃勃去研究植物學。在從事數學儀器的製造期間，他收到製作一架管風琴的訂單，儘管沒有音樂細胞，但他立即著手去研究，終於成功製造了這架管風琴。同樣，在這種精神的驅使下，當執教於格拉斯哥大學的紐科門把小型的蒸汽機模型交給瓦特修理時，他馬上開始學習當時所能知道的一切關於熱量、蒸發和凝結的知識中去—同時也開始從事機械學和建築學的研究 —— 這些努力的結果最後都反映在凝結了他無數心血的壓力蒸汽機上。

天賦過人的人如果沒有毅力和恆心作基礎，他只會成為轉瞬即逝的火花；許多意志堅強、持之以恆，而智力平平乃至稍稍遲鈍的人都能超過那些只有天賦而沒有毅力的人。正如義大利俗諺所云：「走得慢且堅持到底的人才是真正走得快的人。」

相傳，在一座很高很高的山腳下，有三個準備爬山的人遇到了彼此。這三個人幾乎同時開始行動，可是由於三個人的心態不同，慢慢的就出現了三種不同的結果。

第一個人喜歡爬一步回頭看一步，他很清楚自己在做什麼，也相當看重自己的成果，所以他隨時都想知道自己究竟已經爬到了什麼地方。他這樣爬了一段，覺得的確已經很高了，心裡想道：「大概離山頂也差不多了吧。」就仰起頭來向上看看，可是山頂簡直看都看不見呢。這個人忽然覺得很無聊，自己像是在做毫無意義的事情。他自言自語：「我爬了這麼長的時間，還在山腳，那我什麼時候才能爬到山頂呀？既然如此，我又爬它幹什麼！不如及早回頭吧。」於是，他果然就頭也不回的下山了。

第二個人，憑著一股熱情一下子就爬到了半山，這真是挺不容易，不

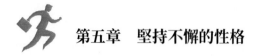
第五章　堅持不懈的性格

但別人羨慕他，就連他自己也有點驚訝自己會爬得這麼快，所以他就坐了下來向下半山看看，又向上半山看了看，心裡著實有些得意。他不覺自言自語的說道：「嘿嘿，真沒想到，我一下子就爬到半山腰了！真是厲害。不過，我已經爬得這麼高，也真夠辛苦的；說到成果，我自己估算一下，也不能算少。那麼，這之後的一半山路，我就算讓別人用小轎子來抬，也不算過分吧！這點資格，我還是應該有的。」他這樣想著，也真的這樣做了。於是，他老坐著休息，等人家用小轎子抬他上山頂。可惜，並沒有人去抬他。假如他自己不上山去或下山來，也許他要一直坐在那兒等下去。

只有第三個人，似乎是一個平平常常的人。大概因為是平常人吧，他覺得爬山可並不是那麼容易，然而也並不太艱難，認為別人能爬，他也就能爬，所以不必把自己看得一無是處，也不必突然把自己看得多了不起。因此，人們看見，他只是一步一步爬上去，也就一步一步接近那山頂；而最後，只有他最終爬上了山頂。

第三個人之所以能夠最終爬到山頂，就是因為他願意付出必要的努力，能夠「步步為營」，一步步穩健接近山頂。那些最能持之以恆、忘我工作的人往往是最成功的。

奧格‧曼狄諾指出：人人都渴望成功，人人都想得到成功的祕訣，然而成功並非唾手可得。我們常常忘記，即使是最簡單最容易的事，如果不能堅持下去，成功的大門絕不會輕易開啟。除了堅持不懈，成功並沒有其他祕訣。

具備堅持下去的勇氣

　　奧格‧曼狄諾指出：「在生活中的不幸面前，有沒有堅強剛毅的性格，從某種意義而言，也是區別偉人與庸人的標幟之一。」巴爾札克（Honoré de Balzac）說：「苦難對於一個天才是一塊墊腳石，對於能幹的人是一筆財富，而對於庸人卻是一個萬丈深淵。」有的人在厄運和不幸面前，不屈服，不後退，不動搖，頑強的與命運抗爭，因而在重重困難中衝開一條通向勝利的路，成了征服困難的英雄，掌握自己命運的主人。而有的人在生活的挫折和打擊面前，垂頭喪氣，自暴自棄，喪失了繼續前進的勇氣和信心，於是成了庸人和懦夫。

　　羅奈爾得‧皮爾經常對別人說：「只要堅持下去，總有一天情況會好轉的。」他這樣講述自己的親身經歷和體會：

　　每當我失意時，我母親就這樣說：「最好的總會到來，如果你堅持下去，總有一天你會碰上好運。並且你會意識到，要是沒有從前的失敗，那是不會發生的。」

　　母親是對的，當我於一九三二年從大學畢業後，我發現了這點。我當時決定試著在電臺找份工作，然後再設法去當一名體育播報員。我搭便車去了芝加哥，敲了每一家電臺的門，但碰了一鼻子灰。在一間播音室裡，一位很和善的女士告訴我，大電臺是不會冒險雇用一名毫無經驗的新手的。「再去試試，找家小電臺，那裡可能會有機會。」她說。我又搭便車回到了伊利諾州的迪克遜。雖然迪克遜沒有電臺，但我父親說，蒙哥馬利‧沃德公司開了一家商店，需要一名當地的運動員去經營他的體育專櫃。由於我在迪克遜中學打過橄欖球，於是我提出了申請，那工作聽起來正適合我，但我沒能如願錄取。

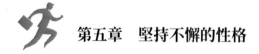

第五章　堅持不懈的性格

我失望的心情一定是一看便知。「最好的總會到來。」母親提醒我說。父親借車給我，於是我駕車行駛了七十英里來到了特萊城。我應徵了愛荷華州達文波特的 WOC 電臺。節目部主任是位很不錯的蘇格蘭人，名叫彼得‧麥克阿瑟，他告訴我說他們已經雇用了一名播音員。當我離開他的辦公室時，受挫的鬱悶心情一下子發作了。我大聲問道：「要是不能在電臺工作，又怎麼能當上一名體育播音員呢？」

我正在那裡等電梯，突然我聽到了麥克亞瑟的喊聲：「你剛才說體育什麼來著？你懂橄欖球嗎？」

接著他讓我站在一架麥克風前，叫我憑想像播一場比賽。前一年秋天，我所在的那個隊在最後二十秒以一個六十五碼的猛衝擊敗了對方。在那場比賽中，我打了十五分鐘。彼得告訴我，我可以選播星期六的一場比賽。

在回家的路上，如同那以後的許多次一樣，我想到了母親的話：「如果你堅持下去，總有一天你會碰上好運。並且你會意識到，要是沒有從前的失望，那是不會發生的。」

培根說：「好的運氣令人羨慕，而戰勝厄運則更令人驚嘆。」人生中，人們對於那些衝破困難和阻力、禁受重大挫折和打擊而堅持到底的人，其敬佩程度是遠在人生的幸運兒之上的。征服的困難越大，取得的成就越不容易，就越能說明你是真正的英雄。當接連不斷的失敗使愛迪生（Thomas Edison）的助手們幾乎完全失去發明電燈泡的熱情時，愛迪生卻靠著堅忍不拔的意志，排除了來自各個方面的精神壓力，經過無數次實驗，電燈終於為人類帶來了光明。在這裡，愛迪生的超人之處，正在於他對挫折和失敗表現出了超人的頑強剛毅精神。

美國的電臺廣播員莎莉‧拉斐爾（Sally Raphael）在她的三十年職業生涯中，曾遭辭退十八次，可是每次事後她都放眼更高處，建立更遠大

的目標。現在莎莉‧拉斐爾已成為自辦電視節目的主持人，曾經兩度獲獎，在美國、加拿大和英國每天有八百萬觀眾收看這個節目。「我遭人辭退了十八次，本來大有可能被這些遭遇所嚇退，做不成我想做的事情，」她說，「結果相反，我讓它們鞭策我勇往直前。」

古羅馬哲學家塞內卡（Lucius Annaeus Seneca）有句名言：「真正的偉人，是像神一樣無所畏懼的凡人。」誰能以不屈的精神面對生活中的不幸，誰就能最終克服不幸。在不幸事件面前越是堅強，越能減輕不幸事件的打擊。

沒有一個人生而剛毅，也沒有一個人不可能培養出剛毅的性格。我們不要神化強者，以為自己成不了那種鋼鐵般堅強的人。其實，普通人所有的猶豫、顧慮、擔憂、動搖、失望等等，在一個強者的內心世界也都可能出現。伽利略屈服過，哥白尼動搖過，奧斯特洛夫斯基想過自殺，但這並不表示他們不是堅強剛毅的人。剛毅的性格和懦弱的性格之間並沒有千里鴻溝，剛毅的人不是沒有軟弱，只是他們能夠戰勝自己的軟弱。只要加強鍛鍊，從各方面與軟弱進行抗爭，那就可能成為堅強剛毅的人。

貝多芬以他那孤獨痛苦、然而又是熱烈追求的一生，給世界留下一句名言：「用痛苦換來歡樂。」他的音樂曾經鼓舞無數人奮起，向自己的不幸進行抗爭。一個人能在任何情況下都勇敢面對人生，無論遭遇到什麼，依然保持生活的勇氣，保持不屈的奮鬥精神，他就是生活中的強者，一個真正剛強的人。相反，有些人在失戀、失學、疾病，或工作中的挫折、失敗，或其他生活不幸事件的打擊面前，之所以一蹶不振、精神崩潰，落得十分可憐的地步，原因之一就在於缺乏堅強剛毅的性格。

如果你想培養自己承受悲慘命運的能力，你可以在自己的生活中採用奧格‧曼狄諾總結的下列技巧：

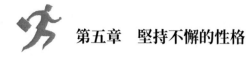 **第五章　堅持不懈的性格**

* **下定決心堅持到底**：局面越是棘手，越要努力嘗試。過早放棄努力，
  只會增加你的麻煩。面臨嚴重的挫折，還是要堅持下去，加倍努力、
  增快前進的步伐。下定決心堅持到底，並一直堅持到把事情辦成。

* **堅持嘗試**：克服危機的方法不是輕易就能找到的。然而，如果你堅持
  不懈尋求新的出路，願意在成功的可能性很低的情況下去嘗試，你就
  能找到出路。要保持自己頭腦的清醒，睜大眼睛去尋找那些在危機或
  困境中可能存在的機會。與其專注於災難的深重，不如努力去尋求一
  線希望和可取的積極之路。即便是在混亂與災難中，也可能形成你獨
  到的見解，它將引導你到值得一試的新冒險之中。

* **堅持自己的立場**：一旦你下定決心要突然衝向前去，就要像服從自己
  的理智一樣去服從自己的直覺。撐住來自家人和朋友的壓力，採取你
  所堅信的觀點，堅持自己的立場。是對是錯，現在就該相信你自己的
  判斷力和智慧了。

* **做出最大的努力**：不要畏縮不前，要使出自己全部的力量來，不要擔
  心把精力耗盡。成功者總是做出極大的努力，而面對危機時，他們卻
  能做出更大的努力。他們不會去考慮什麼疲勞、筋疲力盡。

* **不要低估問題的嚴重性**：要實際估算自己面臨的危機，不要低估問題
  的嚴重性。否則，要改變局面時，就會感到準備不足。

* **不要試圖一下子解決所有的問題**：當經歷了一次嚴重的危機、或親人
  去世這樣的嚴重事件之後，在你的情緒完全恢復以前，要滿足於每次
  只邁出一小步。不要試圖當個超人，一下子解決自己所有的問題。要
  挑一件力所能及的事，就做這麼一件。而每一次成功的經驗都會增強
  你的力量和積極的信念。

在苦難面前堅持下去

一天，羅伯特·斯契勒來到芝加哥，要對一群中西部農民演講。雖然他滿腔熱忱，但很快便被他們凝重的面色潑了一盆冷水。他們強作熱情的接待羅伯特，其中有位農民告訴他說：「我們正過著艱苦的日子，我們需要幫助。我們最需要的是希望。給我們希望吧。」

在羅伯特開始演講前，主持人向這些聽眾介紹，他把羅伯特形容為一個成功的人，但是聽眾不知道，羅伯特也曾走過他們現在所走的路。

羅伯特的童年是在中西部的一個小農場裡度過的。他的父親本來是一個佃農，後來存夠了錢，才買了一個六十五公頃的農場。經濟大蕭條時，羅伯特還只有三歲。那年冬天，他們有時連買煤的錢也沒有。那時候羅伯特也要工作，他要爬進豬欄，撿拾豬吃剩後的玉米芯，用來做燃料。那些日子真苦啊！

第二年春天，又遇到嚴重春旱。羅伯特的父親準備把辛辛苦苦存起來的幾斗珍貴玉米用作種子。

「種了也可能枯死，何必還要冒險去種呢？」羅伯特問。

他父親卻說：「不冒險的人永無前途。」

於是，他父親把留起來的最後一些玉米粒和燕麥，全都拿出來種了。可是，四個星期過去，還不見有雨來臨，父親的臉繃得緊緊的。他和其他農民聚在一起祈禱，請求上帝拯救他們的田地和作物。後來，雷聲終於響起，天下雨了！雖然羅伯特雀躍萬分，但是他的父母知道雨下得不夠。豔陽不久後再次出現，天氣又熱起來了。他父親掐了一把泥土，只有上面四分之一是溼的，下面全是粉狀的乾泥。

那年夏天，羅伯特看見弗洛德河逐漸乾涸，小水坑變成泥坑，平時在

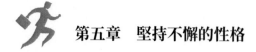

第五章　堅持不懈的性格

裡頭游動的鯰魚都死了。他父親的收成只有半車玉米，這個收成和他所播的種子數量剛好相等。父親在晚餐祈禱時說：「慈愛的主，謝謝你，我今年沒有損失，你把我的種子都還給我了。」當時並不是所有的農民都像他父親那麼有信心，一家又一家農場掛上了「出售」的牌子。他父親當時請求銀行給予幫助，銀行信任他，並且幫助了他。

羅伯特還記得童年時穿著有補丁的大衣跟父親去愛荷華銀行，他記得那銀行的日曆上有這樣一句格言：「偉人就是具有無比決心的普通人。」他覺得父親就是這種積極態度的榜樣。

若干年後，六月裡一個寂靜的下午，羅伯特家受到龍捲風的侵襲。他們起初慢慢聽到一陣可怕的怒吼聲；慢慢的，風暴逐漸逼近了。忽然天上有一堆黑雲凸了出來，像個灰色長漏斗般伸向地面。它在半空中懸吊了一陣子，像一條蛇似的蓄勢待發。父親對母親喊道：「是龍捲風，珍妮！我們得趕快離開這裡！」轉瞬間，他們便已慌慌張張開車上路。南行三公里之後，他們把車子停好，觀看那凶暴的旋風在他們後面肆虐……。他們回家後，發現一切都沒了，半小時前那裡還有九幢剛粉刷過的房屋，現在一幢也沒有了，只留下地基。父親坐在那裡驚愕得雙手緊握方向盤。這時，羅伯特注意到父親滿頭白髮，身體由於艱辛勞作而顯得瘦弱不堪。突然間，父親的雙手猛拍在方向盤上，他哭了：「一切都完了！珍妮！二十六年的心血在幾分鐘內全完了！」

但是，他父親不肯服輸。兩星期後，他們在附近小鎮上找到一幢正在拆卸的房子，他們花了五十美元買下其中一截，然後一塊塊把它拆下來。就是用這些零碎東西，他們在舊地基上建了一幢很小的新房子。之後幾年，又建了一幢幢房屋。結果，他父親在有生之年，看到他的農場經營得非常成功。

講完了自己的故事，羅伯特告訴聽眾：「苦難不會持久，強者卻可長存！」聽眾頓時響起熱烈掌聲。那些已經失去希望、以及曾與沮喪情緒搏鬥的人，重新獲得了希望。他們有了新的憧憬，再度開始夢想未來。

當你面對艱苦日子的時候，千萬不要洩氣，不要絕望。要堅持挺下去。如果痛苦像是達到極點的時候，你要提醒自己：苦難不會持久，強者卻可長存！

在挫折面前不要妥協

每一個人，在最最平常的日常生活中，都會遭遇各種各樣的挫折。有的挫折是短暫的，有的卻是長期的；有的比較輕微，有的則比較嚴重。人們遇到挫折時的反應也各不相同。有的人會向挫折挑戰，百折不撓去克服挫折；有的人卻面對挫折渾身發抖，委靡不振，甚至精神崩潰。不同的態度，不同的反應，決定了每一個人是否具有獲得成功的可能性。換句話說，成功取決於一個人的挫折容忍力。

挫折使人產生或輕或重的挫折感 —— 一種消極的情緒狀態，有人稱之為「心理停滯狀態」。這種狀態，有時會造成非常嚴重、甚至不可挽回的後果。而這種後果出現的機率與嚴重程度，並不取決於挫折的大小，而取決於人的挫折容忍力。所謂挫折容忍力，就是指個人遭遇挫折時免於心理失常的能力，是指個人經得起打擊或經得起挫折的能力。能容忍挫折的打擊，具備良好的適應能力，以保持正常的心理活動，這是心理健康的標幟，也是成功者所必須具備的重要心態之一。

挫折不等於失敗。失敗尚且有可能轉化為成功，何況隨時隨地都可能發生的、一時的挫折呢？拿破崙‧希爾曾經這樣解釋失敗與挫折：「先讓

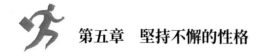

第五章　堅持不懈的性格

我們說明『失敗』與『暫時挫折』之間的差別。且讓我們看看，那種經常被視為『失敗』的事是否實際上只不過是暫時性的挫折而已。有時候，我甚至認為，這種暫時性的挫折實際上是一種幸運，因為它會使我們振作起來，調整我們的努力方向，使我們向著不同、但卻是更正確或更美好的方向前進。」

由此可見，假如一個人能夠具備正確的挫折觀的話，不僅不是壞事，而且還可以成為一種積極的心理動力。它可以增長解決問題的能力，引導一個人以更好的方法或更好的途徑去實現目標。

被稱為「經營之神」的松下幸之助，白手起家，從生產電燈插座踏入商界。經過幾十年的有效經營，到一九九五年，松下幸之助擁有的松下電器工業營業額達八百零二億五千萬美元，雇用員工二十五萬人。誰能想到這麼一位世界屈指可數的大企業創始人，竟歷盡人生坎坷！

松下幸之助的前半生是十分艱苦和不幸的，他十一歲時因家庭生活貧困而輟學；十三歲時父親因沒錢治病而早逝；他本人十七歲時由於生活勞碌而差一點溺死；二十歲時母親又病故，而他本人得了肺病，差點死亡；三十四歲時唯一的兒子僅六個月就死去；他長期受病痛折磨，四十歲前有一半時間因病臥床⋯⋯

做人的關鍵在於有積極的人生觀。飽經難關的松下幸之助認為，壞事可能變成好事，危機可能變成轉機，逆境可能變成順境。他每當受到挫折和遇到打擊時，就以鄉下人洗蕃薯的景象撫慰自己。

日本的鄉下人洗蕃薯是這樣的：在木製的大桶裡裝滿了水和蕃薯，人們用一根木棍不停攪動，大小不一的蕃薯隨著攪動，有的沉下去，有的浮起來，浮浮沉沉，互有輪替，蕃薯最終就被洗乾淨了。

松下幸之助說：「蕃薯的浮浮沉沉，互有輪替的景象，正是人生的寫

照。每個人的一生，也會浮浮沉沉的，不會永遠春風得意，也不會永遠窮困潦倒。這持續不停的一浮一沉，就是對每個人的最好磨練。」

松下幸之助沒有因此而潦倒，而是更加發奮工作。在第二次世界大戰結束後，他變賣了妻子的陪嫁飾物，拿到幾塊錢，自己生產電燈插座，然後逐步擴大規模，進而生產電器產品，最後坐上世界電器大王的寶座。這中間雖然遇到許許多多的挫折，但都被松下的奮鬥精神所戰勝了。

日本松下電器的其中一家經銷商，有一年因市場不景氣，生意很慘澹，他向松下幸之助請教改善生意的祕訣。

松下聽完那經銷商的敘述後說：「目前市場蕭條，生意不好，自然不能怪你，不過，我想請問你一個問題，你的尿有沒有變紅過呢？」

經銷商感到奇怪，松下先生怎麼反過來問這樣的問題呢？他思考了一下後，搖搖頭說：「沒有啊！我的尿從來沒有變紅過。」

松下說：「問題就在這裡。面對蕭條的市場，你的生意清淡，而你的尿仍然清澈，這表示你奮鬥努力的程度不夠。每個成功的生意人，為了突破不景氣，無不絞盡腦汁，寢食難安；連續幾個晚上因焦慮與思考失眠，尿自然而然就會變紅。你今天向我請教改善生意的方法，我沒有什麼祕訣可以提供給你，不過，我奉勸你閉門苦思，全力去掙扎，直到你的尿變紅為止，我相信你會走出一條路來的。」

經銷商聽了松下的一席話後，回到店裡徹底自我反思。後來他召開全店職員會議，把他向松下幸之助請示的經過告訴了大家，並請大家按照這位「經營之神」提供的「法寶」去努力奮鬥。經過一番閉門苦思後，他們重新布置櫥窗，研究出加強服務的措施，並增加了上門推銷、到府維修、宅配到府等業務。半年後，該經銷店生意好起來了，營業額直線上升。

一年後，這位經銷商又登門拜訪松下幸之助，但這回不是求教了，而是道謝。他感動的向松下說：「感謝您『尿變紅』的寶貴啟示，我的店生意好起來了，您贈予我的法寶真使我一生受用不盡。」

成功是令人神往的，但通向成功的道路是坎坷的、曲折的、艱難的。縱觀古今中外的成功者，哪一個不是歷盡磨難？如果成功的路上都是一帆風順，都能一蹴而就，那世界上就不會有人成功、有人失意了。只有面對困難百折不撓、遇到挫折堅持不懈，具備這種精神的人，才有可能登上成功的巔峰。因為遇到一點困難就灰心喪氣，受到一點挫折就悲觀失望，並因此而打退堂鼓，這樣的人是永遠都不可能成功達到目標的。

勇於面對他人的拒絕

在美國麻省理工學院進行過一個有趣的實驗，研究人員用鐵圈將一個小南瓜整個箍住，以觀察南瓜逐漸長大時，對這個鐵圈產生的壓力會有多大。研究人員希望了解這個南瓜能夠在過程中，與鐵圈相互擠壓產生的力道，以便了解這個南瓜能夠承受多大的壓力。

最初他們估計，南瓜最大能夠承受大約五百磅的壓力。最後當研究結束時，整個南瓜承受了超過五千磅的壓力後瓜皮才產生破裂。他們切開南瓜，發現它內部充滿堅韌牢固的層層纖維，試圖想要突破包圍它的鐵圈。為了吸收充分的養分，以便突破限制它成長的鐵圈，它的根部延展範圍令人吃驚，所有的根往不同的方向伸展，最終這個南瓜獨自控制了整個花園的土壤與資源。

我們每個人對於自己能夠變得多麼堅強都毫無概念。假如都南瓜能夠承受如此巨大的外力，那麼人類在相同的環境下又能夠承受多少的壓力？

只要勇於在充滿荊棘的道路上奮進，大多數的人能夠承受的壓力超過我們所認為的。

桑德斯上校（Harland David Sanders）是「肯德基炸雞」連鎖店的創辦人，他在年齡高達六十五歲時才開始從事這個事業。因為他身無分文且孑然一身，當他拿到生平第一張救濟金支票時，金額只有一百零五美元，內心實在是極度沮喪。他不怪這個社會，也沒有寫信去罵國會，僅僅心平氣和的自問：「到底我對人們能做出什麼貢獻呢？我有什麼可以回饋的呢？」隨後，他便考慮起自己所擁有的，試圖找出可為之處。

頭一個浮上他心頭的答案是「很好，我擁有一份人人都會喜歡的炸雞祕方，不知道餐廳要不要？我這麼做是否划算？」隨即他又想到：「我真是笨得可以，賣掉這份祕方所賺的錢還不夠我付房租呢！如果餐廳生意因此提升的話，那又該如何呢？如果上門的顧客增加，且指名要點炸雞，或許餐廳會讓我從中抽成也說不定。」

好點子固然人人都會有，但桑德斯上校就跟大多數人不一樣，他不但會想，還知道怎樣付諸行動。隨後，他便挨家挨戶拜訪，把想法告訴每家餐廳：「我有一份很好的炸雞祕方，如果你能採用，相信生意一定能夠提升，而我希望能從增加的營業額裡抽成。」

很多人都當面嘲笑他：「得了吧，老傢伙，若是有這麼好的祕方，你幹嘛還穿著這麼可笑的白色服裝？」這些話是否讓桑德斯上校打退堂鼓呢？絲毫沒有，因為他還擁有天字第一號的成功祕訣，我們稱之為「能力法則」，意思是指「不懈的拿出行動」：在你每當做什麼事時，必須從其中好好學習，找出下次能做更好的方法。桑德斯上校確實奉行了這條法則，從來不為上一家餐館的拒絕而懊惱，反倒用心修正說辭，以更有效的方法去說服下一家餐廳。

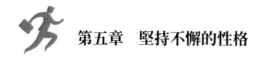

第五章　堅持不懈的性格

　　桑德斯上校的點子最後被接受時，你可知道他已經被拒絕了多少次？整整一千零九次之後，他才聽到第一聲「同意」。在過去兩年的時間裡，他開著自己那輛又舊又破的老爺車，足跡遍及美國每一個角落。睏了就披衣睡在後座，醒來逢人便推銷他的點子。他為人示範所炸的雞肉，常常便是他果腹的一餐。歷經一千零九次的拒絕，整整兩年的時間，有多少人還能夠鍥而不捨的繼續下去呢？真是少之又少了，也難怪世上只有一位桑德斯上校。我們相信很難有人能受得了二十次的拒絕，更別論一百次或一千次的拒絕。然而這也就是成功的可貴之處。

　　如果你好好審視歷史上那些成大功、立大業的人物，就會發現他們都有一個共同的特點，不輕易被「拒絕」所打敗而退卻，不達成他們的理想、目標、心願，就絕不甘休。華特‧迪士尼（Walt Disney）為了實現建立「地球上最歡樂之地」的美夢，四處向銀行借款，可是被拒絕了三百零二次之多。今天，每年有成千上萬遊客能享受前所未有的「迪士尼歡樂」，這全都是出於一個人的決心。

　　多方努力去嘗試，憑毅力與彈性去追求所期望的目標，最終必然會得到自己所要的，可千萬別半途而廢。這句話說來簡單，但我們相信你一定會從內心同意，就從今天起拿出必要的行動，哪怕那只是小小的一步。

堅持不懈需要特別的勇氣

　　堅持不懈的耐心需要特別的勇氣。對一個理想或目標要全然投入，而且要不屈不撓，堅持到底。就像白朗寧所說：「有勇氣改變你能夠改變的，願意接受你無法改變的，並且明智判斷你是否有能力改變。」因此，追求人生目標的決心越堅定，你就越有耐心克服阻礙。所謂的耐心，是指

動態而非靜態，主動而非被動，是一種主導命運的積極力量，而不是向環境屈服。這種力量在我們的內心源源不盡，但必須嚴密控制及引導，以一種幾乎是不可思議的執著，投入既定的目標。

有了堅定的人生方向，可以提高你對挫折的忍受力。你知道目標逐漸接近，這些只是暫時的耽擱。如果你積極面對困難，問題就能迎刃而解。耐心等待，等待機會，你就能在意想不到中獲得成功。

機會是一種稍縱即逝的東西，而且機會的產生也並非易事，因此不可能任何人在任何時候都有機會可抓。而機會來臨前，最好的辦法就是：等待，等待，再等待。在等待中為機會的到來做好準備。一旦機會在你面前出現，千萬別猶豫，抓住它，你就是成功者。

耐心等待是一個很不錯的辦法，但耐心等待絕不是什麼也不做。在美國，許多企業家都深深懂得它的重要性，他們都極具耐心。他們知道，等待會使他們取得意想不到的成功。

羅傑・道森（Roger Dawson）曾使用「拖延成交策略」成功向銀行借到二十五萬美元的貸款。他和一個投資家曾經共同擁有三十三棟房子，後來他想將對方全部的所有權買過來。要達成這件事，他必須找到一家銀行，願意在對房子只有第二順位債權的情形下，提供他二十五萬美金的貸款。

一開始，銀行拒絕這麼高風險的放款。羅傑・道森便要求和銀行剛上任的副總經理碰面。後來他發現，只要和副總經理洽談的時間夠久，就很有機會拿到需要的款項。

經過一小時的洽談，副總經理同意，只要道森存了十萬美元的定存當擔保，他便同意放款二十五萬美元。但道森並未因此做罷。他不斷重申自己的立場，持續打擾他。就這麼經過又一個小時的纏鬥後，對方同意只以房子為擔保品的情況下放款。

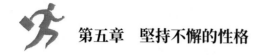

第五章　堅持不懈的性格

　　儘管他在一分鐘前、一小時前或是一天前告訴你否定的答案，也不代表在你下次問他時，他也會給你否定的答案。持續努力，在適當的時機做適當的動作，你就可能讓一顆頑石點頭。

　　這對於成立一個交易的啟示是什麼？沒錯，一點一點的來，你就能完成難以想像的艱鉅任務。你可以扭轉最頑固的買方，讓他改變心意下訂單給你，只要你持續不斷的努力。

　　如果你曾經到過紐奧良的碼頭，毫無疑問的，你一定會被一艘艘拖船拉動密西西比河成排貨船的畫面所震懾。一艘不過三十英尺長的小拖船，可以拉著一長排、每艘重量超過一萬噸的貨船。拖船之所以具有這種不可思議的力量，祕訣在哪裡？

　　答案是拖船船長知道，如果慢慢的、一點一點拖動它，就能使它乖乖聽話。如果他想以蠻力強迫一艘運油船改變方向，那是不可能的事，無論他如何加足馬力或撞擊運油船，都沒辦法做到。但如果這樣一點一點來，然後在某一時機做適當的動作，他就能達成不可思議的事情。

　　耐心是一種優秀品格，耐心能使人成功。

　　那麼，該如何培養耐心呢？很簡單，只要你確定人生的目標，專注於你的目標，那麼你所有的思想、行動及意念都會朝著那個方向前進。耐力是身體健康的一部分，不管發生了什麼情況，你都必須具有堅持把工作完成到底的能力。耐力是身體健康和精神飽滿的一種象徵，這也是你想成為別人的領導者、並贏得卓越的駕馭能力所必須的一種個人特質。實際上，忍耐力是與勇氣密切相關的，當事態真正遇到困難時，你所必備的一種堅持到底的能力，等同於在跑了幾公里後，還得具有百米衝刺的力氣。忍耐力也可以被認為是需要忍受疼痛、疲勞、艱苦，並體現在體力上和精神上的持久力。

忍耐力是你在極其艱苦的精神和肉體壓力下，長期從事工作並有所成效的能力。忍耐力需要你長時間付出額外努力。

說實在的，有時你可能不需要在體力上表現出某些人在工作中的那種耐力。然而，不管你表現出來也好，不表現出來也好，工作還是需要堅持做下去，不管你碰到什麼障礙和困難，你都得把它成功進行到底。

因為忍耐力對一個人的成功是那麼的重要，所以，為了發展你精神和肉體上的忍耐力，拿破崙‧希爾建議我們按照下面這五項指導原則去做：

* **培養運動鍛鍊的習慣有助於增強你的體質**：對於一個成天忙著賺錢的人來說，進行體育運動，似乎是最合適不過的了。不管是什麼類型的運動鍛鍊，只要你能持之以恆，都會增強你的體質，而且照著超負荷的原則實行，還可以增加你的忍耐力。

  超負荷的原則早已被實驗所證明，肌肉的發達與改善是根據你增加給肌肉的壓力需求而定的。如果你期望它不斷改善，隨著能力不斷增加，給肌肉的這種壓力需求也必須不斷的增加。

* **不斷強迫你自己去做一些緊張的腦力勞動，以此來考驗你的精神忍耐力**：有時，當你疲勞至極，而且你的精力也已到了殆盡的地步時，你還是要強迫自己工作，這是唯一一個學會在極大壓力下還能繼續進行工作的方法。這個鍛鍊也得以超負荷的原則進行。

* **在你最佳的身體和心理狀態下完成各項工作**：這通常是對你忍耐力的最好考驗，也是保持勇氣、保持耐力的一種方法。

* **不要沉湎於會降低你身體和精神效率的活動**：比如說吸菸過度，如果不能武斷的說會影響你的健康，至少也可以說會影響你呼吸系統的正常運行。科學研究證明吸菸的危害遠遠不止於呼吸系統。

飲酒過量也會降低你身體的忍耐力，它會降低你清晰思考的能力，也會降低大腦發揮正常作用的能力，最終會導致體力和腦力的劇烈惡化，而且會越來越嚴重。幾乎沒有任何喝酒過量的人能成為成功的管理階層或者掌握高超的領導能力。事實上，有不少已經獲得了成功的領導者由於嗜酒成癖，最後反受其害，從他們占據高位的領導人或負責人的位子上跌落下來。

當你身體的忍耐力、你的健康，乃至你的生活都失去常態的時候，你的大腦就不可能進行正常的思考和發揮正常的作用，不管這種失常是由於飲酒、吸毒，或者是由其他一些原因造成的。你不妨嘗試一下，看看在你覺得身體不適之時，或者喝了酒之後，能否做出一個正確而又及時的決策。

＊ 學會一種你自己一個人能玩，到了老年時也能享受其樂趣的運動項目。壘球、網球、排球，雖然是美好的運動項目，但一個人沒法玩，年紀大了也不便玩。可是，高爾夫球、保齡球、打獵、釣魚，卻是一些既能與其他人共同享受，又能自己單獨享受的運動項目。健康的體魄是你謀取財富的第一個物質基礎。

只有堅持下去才能成功

大多數人的智力水準都差不多，成功與否主要取決於自己的努力程度和有沒有「堅持下去」的精神。

優秀的拳擊選手在臺上總是抱著這樣一個信念：再堅持一個回合！正是這種堅持不懈的信念，才造就了一代又一代拳王。

三位美國婦女瑪麗、瑪格達和桃樂絲，東拼西湊借了兩千美元，創

辦了婦女服裝生產公司。九年後，這家公司的年產值達到了兩百五十萬美元。當人們詢問她們取得成功的祕訣時，她們提到的第一點就是堅持不懈。

記住，是堅持不懈！

郎力士（Ron Rice）原是美國佛羅里達州的一個國中化學教師，家境貧寒，為了維持生計，他不得不在暑假去海水浴場當救生員。然而，他一直在琢磨如何才能改變自己的生活和處境。

身為化學教師兼救生員，他十分清楚市面上流行的、由化學物質合成的防晒乳不怎麼理想。有一年的暑假，他又來到海水浴場充當救生員，百無聊賴的他懶洋洋的從瞭望臺上看著那些白晃晃、油亮亮的皮膚，不知怎麼的，他忽然靈機一動：何不做一款有名的防晒乳呢？這一定大有市場。

郎力士決定著手研究，他克服資金不足的困難，向他父親借了五百美元，買來瓶子、罐子、油性添加劑及其他實驗必需品，投入自己開創的事業之中。他沒有辭職，而是利用假日和晚上孜孜不倦的研究。經過兩年的刻苦鑽研，他獲得了成功，純天然椰子油防晒乳誕生了。不過，儘管他的新產品是人們所需要的最理想的產品，但是他沒錢打廣告。於是，他請一些救生員試用，使用過的人都說效果好。滿懷信心的郎力士又遊說零售商經銷他的產品。漸漸的，這種產品得到人們的青睞，「熱帶夏威夷防晒乳」的名字也就知名於世了。

此後，郎力士辭去教師的工作，告別了那可愛的海水浴場，全力以赴從事防晒乳的業務，他創建的熱帶夏威夷防晒乳公司的規模迅速擴大，從原本只有三個小孩的寒酸小店一躍成為擁有兩千多名職員的跨國公司，營業額高達一億五千萬美元。郎力士也一改往日貧困窘迫之姿，自己購買了一幢價值三百萬美元的海濱別墅。

郎力士就是從一個窮書生，經過堅持不懈的奮鬥躋身於美國百萬富翁

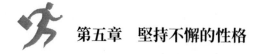

行列的。如果你立志做好一件事，並能持之以恆、堅持不懈的做下去，就一定能達到自己的目標，實現自己的理想。

　　愛迪生小時候不是大家想像中的神童。他只上了三個月的小學，校長就對愛迪生的母親說：「我斷定他是一個低能兒，將來不會有什麼出息的，你把他帶回去吧！」於是，愛迪生被迫輟學。當母親把校長的話告訴愛迪生時，愛迪生憤慨的喊道：「憑什麼這樣看待我？我將來一定要成為世界上一流的人物！」

　　從此，愛迪生下定決心發奮圖強，走上了一條頗為坎坷的成功之路。後來，正如大家所知道的那樣，愛迪生成了舉世聞名的大發明家。有人曾問他獲得成功的祕訣，愛迪生肯定的回答說：「很簡單，我絕不允許自己有一點點灰心喪氣。」

　　一般常用「百折不撓」來形容一個人的毅力，愛迪生所說的「我絕對不允許自己有一點點灰心喪氣」，就是「百折不撓」精神的一種表現。實際上，許多成功的取得何止是「百折」，甚至還可能「千折」、「萬折」！如果沒有堅定的信心，沒有持之以恆的韌性，禁不起挫折，那麼肯定是難以獲得成功的。

　　在荷蘭，有一個國中畢業的青年農民，來到一個小鎮，找到了一份替政府看門的工作。他在這個警衛的崗位上一直工作了六十多年，一生都沒有離開過這個小鎮，也沒有再換過工作。

　　也許是工作太清閒，他又太年輕，需要打發時間，他選擇了既費時又費工的鏡片打磨作為自己的業餘愛好。就這樣，他磨呀磨，一磨就是六十年。他是那樣的專注和細膩，技術已經超過專業技師了，他磨出的複合鏡片的放大倍數，比別人的都要高。藉著他研磨的鏡片，他終於發現了當時科學尚未知曉的另一個廣闊的世界 —— 微生物世界。從此，他聲名大

震，只有國中學歷的他，被授予了在他看來是遙不可及的巴黎科學院院士的頭銜。就連英國女王都曾親自到小鎮見過他。

創造這個奇蹟的小人物，就是科學史上大名鼎鼎、活了九十歲的荷蘭科學家安東尼・范・雷文霍克（Antoni van Leeuwenhoek），他踏踏實實的把手上的每一個玻璃片磨好，用盡畢生的心血，致力於每一個平淡無奇的細節的完善，終於創造了科學的奇蹟，也創造了成功的神話。

十八世紀瑞士數學家歐拉（Leonhard Paul Euler）被人們譽為「豐產的數學家」，他一生所寫的著作與論文多達八百八十六篇。有人把這些著述彙整成全集，竟有七十四卷之多。歐拉因長期觀察太陽的運動而視力受損，四十九歲那年，一場火災又把他全部的手稿化為灰燼。然而各種挫折都沒能摧毀歐拉的堅強毅力。於是，他全憑自己的記憶，經口述後請別人整理，又寫出四百多篇論文。

我們若能用這種積極與樂觀的態度去面對挫折，把它們看作對自己的挑戰，那麼還會有什麼困難不能戰勝？有什麼挫折不能承受？有什麼理想不能實現？

科學告訴我們：大多數人的智力水準都差不多，成功與否主要取決於自己的努力程度和有沒有「堅持下去」的精神。法國生物學家巴斯德（Louis Pasteur）說過：「告訴你我成功的奧祕吧，我唯一的力量就是我的堅持精神。」

第五章　堅持不懈的性格

第六章
永不言敗的性格

要想獲得成功，你就要在一切挫折面前永不言敗；永不言敗的性格是一種無悔的執著，讓我們守護自己的使命；永不言敗的性格是一種生存的智慧，讓我們在成功與失敗的夾縫中傲雪凌霜；永不言敗的性格是一種無窮的力量，讓我們從失敗的反面發現成功。在成大事的過程中，我們每個人都有失敗的可能，如果你真的失敗了，那就要展現出你永不言敗的性格。永不言敗的性格是一個人成大事最直接、最鮮明的性格體現。

失敗是成功的必經之路

在這個世界上，並沒有絕對的失敗，失敗往往是我們看待問題的方法和態度。所以，很多時候，埋沒天才的不是別人，正恰恰是自己。成功的路不只一條，如果我們是真正不懈的追尋者，在挫折和失敗降臨時，千萬不要停下腳步，因為很多時候，失敗只是滔滔大水上一座嚇人的獨木橋，走過去，等待你的就是成功！失敗是人之常情，它是成功的一部分，很多成功都是由於失敗的累積而產生的。

失敗是走向成功的必經之路，只要度過了這個難關，成功就會離我們不再遙遠。人生可能平淡，可能黯淡，甚至可能遁入黑夜，所以心中不能沒有一盞燈。只有在心中裝一盞燈，才能走到哪裡都能感受到光明，信念就是人生的一盞明燈。

信念是支撐一個人做事情與活下去的力量，它可以幫助人們克服人生中的一切困難，到達勝利的彼岸。如果心中沒有信念，就等於自己給自己判了死刑。

在美國，有一位窮困潦倒的年輕人，即使他身上全部的錢加起來都不夠買一件像樣的西服，仍全心全意堅持著自己心中的夢想，他想做演員，拍電影，當明星。當時，好萊塢共有五百家電影公司，他再清楚不過了。他根據自己認真畫定的路線與排列好的名單順序，帶著為自己量身訂做的劇本前去一一拜訪。但第一輪下來，五百家電影公司中沒有一家願意雇用他。面對百分之百的拒絕，這位年輕人沒有灰心，從最後一家被拒絕的電影公司出來之後，他又再從第一家開始，繼續他的第二輪拜訪與自我推薦。在第二輪的拜訪中，拒絕他的仍是五百家。第三輪的拜訪結果仍與第二輪相同。這位年輕人咬牙開始他的第四輪拜訪，當拜訪完第三百四十九

家後，第三百五十家電影公司的老闆，破天荒答應願意留下劇本先看一看。

幾天後，年輕人獲得通知，請他前去詳細商談。就在這次商談中，這家公司決定投資開拍這部電影，並請這位年輕人擔任自己所寫劇本的男主角。這部電影名叫《洛基》。這位年輕人的名字就叫史特龍（Sylvester Stallone）。現在翻開電影史，這部叫《洛基》的電影與這個日後紅遍全世界的巨星皆榜上有名。

史特龍在先後共計一千八百四十九次碰壁面前，沒有打退堂鼓，繼續堅持不懈，終於在第一千八百五十次獲得成功。他的事例再次證明了那句哲理：「失敗乃成功之母」。

逆境是一所最好的學校，每一次失敗，每一次打擊，每一次損失，都蘊藏著成功的萌芽。

我們已經嘗到了成功的甘露，但是之後的日子並不總在成功的巔峰上。無論我們嘗試了多少次，無論我們在選定的事業中多麼堅忍不拔，表現出色，無論我們還將付出多麼大的代價，挫折與失敗還是會日復一日、年復一年的如影隨形。我們每個人，即使是最剛毅、最具英雄氣概的人，一生中大部分的時間也都是在失敗的威脅中度過的。財富是無窮無盡的嗎？不，它們永遠不夠。我們有受到保護嗎？安全嗎？可是，安全又意味著什麼？沒有疾病、不會失業、免遭搶劫？我們有親密的夥伴和充滿愛與關懷的家人嗎？友誼是永遠值得信任的嗎？愛會長久嗎？

對失敗的恐懼使我們的生活籠罩在災難的陰影中。失敗形形色色，變幻莫測，既是幻想的又是現實的，既模糊混沌又清晰明朗，稍縱即逝卻又揮之不去。為保住工作而奮鬥的工人能感受到這種恐懼，養家糊口的成年人也能感受到這種恐懼。這種恐懼折磨著每一個人，王子與貧民，智者與蠢才，聖人與罪犯。過去，我們不知如何對抗逆境，失敗的創傷使希望的

第六章　永不言敗的性格

天空布滿烏雲，使夢想化為泡影。但現在，這一切都不會重演了。這是一種新的生活，無論失敗何時降臨，我都有方法扭轉乾坤，從中獲益。

要堅信沒有失敗，只有結果能讓我們正確面對失敗，走向成功。不再對失敗耿耿於懷，不再逃避現實，不再拒絕從以往的錯誤中獲取經驗，經驗是來自苦難的精華。生活中最可怕的事情是不能從一次失敗中得到為下一次準備的智慧。每個人都有自己的課題，得到不同的經驗。除此之處，別無他法。

許多人都害怕失敗，然而常常就是有許多天不從人願的時候，像功課不及格、失戀、計畫泡湯等等。我們不應該將這種情況稱作失敗，而應該稱其為「結果」。這是成功者所相信的。因為在他們眼裡，只有成功，沒有失敗。

每天我們都是站在峭壁上，身後是昔日無底的深淵，前方是未來，未來將要淹沒今天降臨到我們頭上的一切。無論今後我們面對什麼樣的命運，我們都將細細品味它，痛苦也會很快過去。只有少數人知道這個顯而易見的真理，其他人一旦苦難降臨，他們的希望和目標就消失得無影無蹤了。這些不幸的人們至死都在苦難的深淵中，每天如坐針氈，乞求別人的同情和關注。逆境從來不會摧毀那些有勇氣、有信心的人們。我們每個人都將在苦難的熔爐中錘鍊，並不是所有人都能再生。

在每一次困境中，我們總是尋找成功的萌芽。我們發現苦難有許多好處，只是很少被人察覺罷了。苦難是衡量友誼的天平，也是我們了解自己內心世界的途徑，使我們挖掘自己的能力，這種能力在順境中往往處於休眠狀態。

一個人，從出生到死亡，始終離不開受苦。寶玉不經磨礪就不能發光。沒有磨練，我們也不會完美。生命熱力的炙烤和生命之雨的沐浴使我

們受益匪淺，但是每一次的苦難都是伴隨著淚水的。

　　現在我們知道，靈魂遭受煎熬的時刻，也正是生命中最多選擇與機會的時刻。任何事情的成敗都取決於自己尋求幫助時的態度，是抬著頭還是低下頭。假如我們只會施展伎倆，使出種種權宜之計，那麼機會也就永遠喪失了，我們會生活得沒那麼富裕，成就也不太大，痛苦更深，我們會更加可憐，更加渺小。但是，如果我們百折不撓，堅定向前，那麼從此以後，任何苦難都將成為我們生命中勝利的轉捩點。

　　無論何時，當我們被可怕的失敗擊倒，在第一次陣痛過去之後，就要想方設法將苦難變成好事。偉大的機遇往往在這一刻閃現……這苦澀的根必將迎來滿園芬芳。

面對失敗不要有恐懼心理

　　平常我們所說的失敗，實際上只不過是挫折而已，這種逆境中的挫折，可以使我們學到在順境時很難學到的東西，調整我們的努力方向，並激發我們的各種潛能，使我們向著更美好的方向前進。古今中外一些成功人士的成長經歷表明，失敗本身並不會導致一個人真正失敗，只有在失敗面前一蹶不振的人，才會成為一個真正的失敗者。所以，在現實生活中，我們應把失敗當做指導我們生命的老師，從挫折中不斷走向成功。

　　不知你是否曾經注意到過，越是重視你的錯誤，你就越容易犯錯，越是害怕失敗，你就越容易失敗。因為你的行為在遵從你的注意力。當你的頭腦中充滿了混亂、矛盾、錯誤、失敗時，你的注意力就會集中在消極面，為你的再次犯錯製造一個思考定式。而且每一個問題或錯誤，都存在著擴大的可能性，當你對它們過於緊張，就會阻礙自己迅速找到解決辦

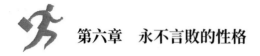

第六章　永不言敗的性格

法，使事情越來越糟。

　　一味的憂慮，你就只能看到失敗和失敗後的糟糕局面；相反，如果你笑看失敗，心情放輕鬆一些，保持充沛的精力，那麼你就能夠積極尋找答案，並力圖解決問題，尋找自己翻身的機會。

　　對失敗保持心情愉快，並不是說要你放縱失敗，而是意味著面對失敗，仍能保持你的洞察力和進取心。美國富翁瓦利‧艾瑪斯，是高美餅乾集團的創始人，在他數十年的工作生涯中，曾將事業推至頂峰好幾次，也曾因失敗而變得一無所有，一切得重新開始。但他從未憂心忡忡，喪失希望，他說：「不要浪費時間去擔憂，憂愁對事情毫無裨益。分析當前的情況並尋求解決的辦法，任何事都是有答案的。」

　　英國作家約翰‧克里奇（John Creasey）生前寫過五百六十四本書，約四千多萬字。他的著作累積起來達兩公尺之高，比克里奇自己的身高還多三十公分。然而，這位成功者創作生涯並不順利，剛開始時寄出去的稿件都被退了回來。但他不怕失敗，在退稿多達七百四十三次時，仍不死心，也不浮躁。這種「不言敗」的執著精神，終於讓他在第七百四十四次投稿時成功了。被譽為短篇小說之王的莫泊桑（Guy de Maupassant），把小說稿送到老師福婁拜（Gustave Flaubert）那裡，每次幾乎都被當成廢紙要他燒掉。面對失敗，莫泊桑毫不氣餒，一如既往。當莫泊桑寫出成功之作《脂肪球》時，他的習作已經堆得與書桌一樣高了。

　　愛迪生身為發明家已家喻戶曉，但很少有人知道，在他從事發明和創造的過程中，曾經經歷了無數次的失敗與挫折。

　　愛迪生在試製電瓶時，曾做過五萬次實驗，一直未取得成功。對此，愛迪生沒有氣餒，仍堅持繼續實驗。見到這位發明家屢遭失敗與挫折，有人問道：「你一而再、再而三的失敗，何苦還要往這死胡同裡走呢？」愛

迪生聽了，樂呵呵的回答：「失敗？我沒有失敗，我收穫可大了，因為現在我已經知道，有五萬種實驗電瓶的方法是行不通的。」

愛迪生在發明電燈的過程中，經歷了九千九百九十九次失敗。有人問他：「你是否還打算嘗試第一萬次失敗？」猜猜愛迪生是如何回答這個問題？他說：「那九千九百九十九次並非失敗，它們只是在告訴我如果再用以往的方法是行不通的。」愛迪生憑著鍥而不捨的毅力，終於在一萬零一百次實驗之前發明了今天我們時時刻刻不可缺少的電燈。

亨利·福特（Henry Ford）在成功之前，也因經商失敗而導致破產達五次之多。而他卻說：「人一旦心生恐懼就會限制自己的行動，其實，失敗只不過是讓我們有個更聰明的開始而已。」

所以，在日常生活中，我們不但不能害怕失敗，反而要把失敗看作是一種「收穫」，這就是愛迪生之所以成為世界著名發明家的祕訣。許多人也想成就一番事業，也做過一些嘗試，但卻沒有成功，最為關鍵的原因，就是缺乏這種不怕失敗、勇敢向前的精神。正如愛迪生所說的：「失敗者往往是那些不曉得自己已經可以接觸到成功就放棄嘗試的人。」這也就是古人說的：「為山九仞，功虧一簣！」沒有哪件大事是一蹴而就的，沒有哪個成功者是一步登天的。沒有戰勝失敗的勇氣，沒有克服挫折的毅力，肯定是一事無成的。

老湯姆·華生（Thomas J. Watson Sr.）說：「如果你想取得成功，那就請加快你失敗的速度。」如果研究一下歷史你就會發現，所有成功的故事中同時都充滿了許多失敗的細節。但人們並沒有看到失敗的一面，他們只看事物成功的一面，並就此認為那些成功者運氣好：「他一定是生逢其時。」其實這是非常片面的。成功者之所以能成就大事業，關鍵就在於他們不怕失敗，勇於嘗試，勇於挑戰。

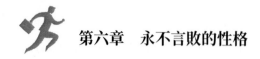

第六章　永不言敗的性格

一九〇三年十二月十日，一位《紐約時報》的編輯在報紙上對於萊特兄弟試圖發明一種密度比空氣還大的飛行器表示懷疑，認為他們很不明智。而一個星期後，萊特兄弟在基蒂霍克展示了他們的飛機。

一九一三年，三極管的發明者李・德富雷斯特（Lee De Forest）被當地律師控告，說他宣稱自己能夠把人的聲音傳過大西洋，從而誤導大眾購買公司的股票，他為此受到了輿論的譴責。但你能想像假如沒有他的發明，我們現在會怎麼樣嗎？

桑德斯上校在六十五歲時，只有一輛老爺車和一張一百元的社會保險支票，他意識到自己應該做點什麼事。他想起了母親的食譜，於是決定做食物到外面去賣。你能想像在得到第一份訂單之前，他敲了多少家的門嗎？據估計，在得到第一份訂單之前，他至少敲了一千家的門。

而我們有多少人在嘗試了三次、十次、一百次之後就放棄了，認為自己已經盡了最大的努力。因此，我們要說，不要害怕失敗，要相信：失敗不過是成功路途上的墊腳石。

失敗時絕不氣餒

所有成功的故事都伴隨著一些失敗的故事，兩者的唯一不同就在於，那些最終成功的人們總能在每次失敗之後都重新站起來。這就是所謂的在失敗中前進，而不是在失敗中退縮。失敗者和成功者，他們在年齡、經歷、種族、背景等方面都類似，但只有一點例外，即他們各自對失敗的反應不同。失敗者跌倒後，從此再也站不起來，他們甘願接受失敗；平庸者跌倒後，他們往往跪倒在地上，小心翼翼的爬行。可是成功者不一樣，他們跌倒後，會馬上爬起來，拍掉身上的灰塵，搬掉讓他跌倒的障礙，然後

沿著既定的目標，繼續踏大步向前走去。

　　一九一四年，在湯瑪士·愛迪生六十七歲時，一場大火把他價值數百萬美元的工廠燒得一乾二淨。看到自己花費一生心血苦心經營起來的工廠，在一片火花中變成廢墟，年近七十的愛迪生並沒有氣餒，反而說：「這場災難有很大的價值。因為我們所有的錯誤都被燒掉了。感謝上帝，我們又可以有一個新的開始了。」就是因為有著如此積極樂觀的態度，有著如此堅持不懈的毅力，在這場災難發生的三個星期之後，愛迪生又發明了留聲機。

　　積極的人生，應該是不斷進取的人生。在失敗時，絕不氣餒，而是時刻挺起胸膛，哪怕是白手起家；而在成功時要保持清醒的頭腦，保持對周圍事物敏銳的洞察力和分析能力，抓住機遇，謀求再度發展，這樣才稱得上「積極」二字。

　　據統計，美國每天都有上萬家小企業倒閉、破產，從老闆變成乞丐的故事每天都在發生。

　　戴維斯就是有過這種遭遇的人。

　　戴維斯二十多歲時，血氣方剛，憑著青年人的聰明和衝動，辦起了自己的第一家公司，經營雜誌出版業。但是他三十歲那年，在一樁生意中，被自己最信任的朋友欺騙了，將自己所有的家當賠得一乾二淨，連房子也拍賣出去抵債，只得回到鄉下母親的住處。然而戴維斯並沒有放棄，認為自己還有能力重新再來。

　　又過了兩年，戴維斯看準電子業有很大的發展潛力，於是他經過不懈的努力，又辦起了自己的電腦公司，而且規模比前一次還大，生意也比經營出版業好得多。這時，以前認為他會一蹶不振的人們轉變了看法，對這個執著的人表現出極大的欽佩。

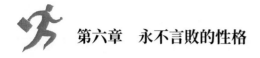

第六章　永不言敗的性格

　　然而，「天有不測風雲」，在一次合約擔保中，戴維斯的公司捲入了債務糾紛，因被擔保人無力償還債務，戴維斯又一次傾家蕩產。年過四十的他再一次遭受了巨大的打擊。

　　人們都以為他這次真的完了，年過四十的他，再也不可能承受這麼大的挫折了。然而戴維斯再次讓人們的預言失誤了。他承受住來自各方的壓力，經過兩年的學習、準備，他不顧家人親友的勸阻，再次辦了一個投資代理公司。

　　在這兩年中，他自學了 MBA（企業管理碩士）的大部分課程，加上多年來的商業經驗，使他新開的公司一舉成名。如今的戴維斯，已經功成名就了。他的公司所屬的子公司遍布美國，經營的業務種類達幾十種。

　　許多人都非常害怕失敗，生怕跌倒了爬不起來。其實，這是錯誤的。失敗有時是不可避免的，有時甚至還是對我們有益的和必需的。正如日本管理專家土光敏夫所說：「遭到一次失敗，實際上不見得就是失敗。重要的是，如何轉敗為勝。」美國企業家瑪麗・凱・阿什（Mary Kay Ash）也說過：「我的第一次發表會慘遭『滑鐵盧』（滑鐵盧是指一八一五年六月十八日，拿破崙一世在比利時的滑鐵盧打了敗仗），但是我拒絕投降，反而轉敗為勝。」

　　法國科幻作家凡爾納（Jules Verne）的處女作《氣球上的五星期》寫成後，當時沒有一家出版社願意出版這本書。這本書一連被退稿十五次，當書稿送到第十六家出版社時，才遇上「伯樂」。如果凡爾納沒有妻子的鼓勵，在第十五次退稿時沒有再堅持試一試，那麼《氣球上的五星期》就可能夭折。

　　在成功的路上，敗而不餒，再堅持一下，往往能取得反敗為勝的關鍵性成功。相反，許多人遇到一點挫折就打退堂鼓，就半途而廢，結果常常

與成功擦肩而過。

電話是誰發明的？恐怕大家會異口同聲的說出美國發明家貝爾（Alexander Graham Bell）這個名字。其實，在貝爾之前，還有一位原發明家曾為發明電話作出過重大貢獻，他就是雷斯（Johann Philipp Reis）。

雷斯研究過一種傳聲裝置，能用電流傳送音樂。可惜這套裝置不能用來傳送說話聲，無法用來與遠處的人相互交談。雷斯的裝置之所以不實用，除了其他原因外，一個更重要的原因就是這個裝置的一顆螺絲釘少往裡面轉了二分之一圈 —— 大約零點五公釐。

貝爾在雷斯研究的基礎上，一方面採取了新措施（例如不使用間斷的直流電，改為使用連續的直流電，從而解決了說話聲傳送短促多變的問題）；另一方面將雷斯裝置上的那顆螺絲釘往內側轉了二分之一圈。雷斯的疏忽被貝爾糾正了，奇蹟也隨之出現：不能通話的雷斯裝置終於成了實用的電話。

貝爾的改進不僅使雷斯本人瞠目結舌，而且感慨萬千。雷斯說：「我在離成功零點五毫米的地方灰心了，我將終生記住這個教訓。」

雷斯的教訓值得每一個人引以為戒。因半途而廢造成的失敗，會讓你終生遺憾。如果一遇到失敗便灰心喪氣，半途而廢，那麼成功永遠只會是海市蜃樓。

第六章 永不言敗的性格

正確看待你以往的失敗

　　成功，需要一種從一個失敗走到另一個失敗，卻能夠始終不喪失信心的能力。成功是一位貧乏的教師，它能教給你的東西很少。我們在失敗的時候，學到的東西最多。因此不要害怕失敗，失敗是成功之母。沒有失敗，你不可能成功。那些不成功的人是永遠沒有失敗過的人。

　　在商業領域，期望自己事業成功，僅有學校的智慧是遠遠不夠的，你還必須具備街頭的智慧。生活是最嚴厲的老師，與學校書本教育的方式完全不同，生活的教育方式是：你首先得遭受挫折，然後從中吸取教訓。大多數人由於不知道如何犯錯、和從錯誤中悟出道理，所以只是一味逃避挫折和失敗。他們卻不知道，這種行為本身已鑄成大錯。還有一些人遭遇失敗和挫折，卻沒能從中吸取教訓。這就是為什麼有這麼多的人，總是循環往復的犯著自己以前曾經犯過的錯誤。他們會一而再、再而三犯錯，就是因為他們不知道如何從錯誤中吸取教訓。在學校，你可能會因為沒犯錯而被認為是聰明的學生；而在生活中，你的智慧恰恰是因為你犯過錯，並且能從中吸取教訓。如果一個人真正從所犯的錯誤中吸取了教訓，那麼他的生活就會發生改變。那麼，他獲得的就不是經驗，而是智慧了。

　　有兩個這樣的例子，相信大家都不陌生：

　　案例一：

　　一頭小象出生在馬戲團中，牠的父母也都是馬戲團中的老演員。

　　小象很淘氣，總想到處跑動。工作人員便在牠的腿上拴一條細鐵鍊，另一頭繫在鐵桿上。小象很不習慣這條鐵鍊，牠用力去踢，卻無法掙脫，無奈的牠只好在鐵鍊範圍內活動。過了幾天，小象又試著想掙脫鐵鍊，可還是沒有掙開，只好悶悶不樂的老實靜下來。

一次又一次，小象總是掙脫不開這條鐵鍊。慢慢的，牠不再去試了，牠習慣了鍊子，再看看父母也是一樣，好像本來就應該是這個樣子。小象一天天長大了，以牠此時的力氣，掙斷那條小鐵鍊簡直不費吹灰之力，可是牠從來沒有想到要這樣做。

案例二：

有個人將一條魚放在一個特殊的魚缸裡，魚缸的中間用一塊透明的玻璃把魚缸隔成兩半，一半放著鮮嫩的水草，另一半則放著這條魚。魚兒餓的時候，就游過去想吃水草，結果被中間的玻璃撞了回來。魚兒一開始並不罷休，又接著朝水草游過去，當然每次都被撞得「鼻青臉腫」，卻仍然沒有吃到那些美味的水草。如此折騰了一週左右，魚兒累得不想動了，餓了也只是望望那誘人的水草，卻再也沒有採取過什麼行動。

又過了一段時間，這個人把隔在魚缸中間的玻璃取了下來，結果是什麼呢？這條魚每天都可以在這些鮮美的水草中間游來游去，卻從來不張開嘴去吃這些水草，牠已經認定了這些水草是吃不到的，所以最後這條魚就餓死在這些鮮美的水草之間。

奧格·曼狄諾說，人應該是成功而非失敗的。如果能確信這一點，我們必然會充滿信心，並且了解跌倒並不是什麼可恥的事，而是邁向成功的另一個機會。

重要的是能以有勇氣、決心和樂觀的心境繼續努力。經驗教導我們：只要我們持續用力敲門，它最後總會開的。

失敗常常會轉化為勝利的祝福。因為：首先，它能使人們放棄那一旦實現就將造成不幸或徹底崩潰的目標，不管這目標的制定是否經過深思熟慮的過程；其次，它可以打開新的機遇之大門，並透過「嘗試—錯誤—再嘗試」的方法，給人們提供現實生活的有用知識；最後，它能讓人們發現

第六章 永不言敗的性格

什麼是過時的方法，給那些驕傲自滿者注入一針清醒劑。

失敗到底是福佑還是懲罰，這要看個人對它的反應。若某人能夠將失敗看作命運之手對他的無形引導，並接受這一信號，把自己的前進方向調整到正確的軌道上，那麼失敗對他來說就是福佑；若某人將失敗看作是天意對他本身軟弱與無能的暗示，而從此心灰意懶，那麼失敗對他來說就是懲罰。如何對失敗作出反應是極其關鍵的，它決定整個人的命運，但總是在個人的完全控制之中。

沒有誰能夠免於失敗與挫折，有的人在一生中會跟它們多次打交道。但是，每個人也同樣具有以自己的主觀態度對失敗做出適當反應的權力與方法。在犯了錯誤之後，絕對不要採取下面的行為：

（1）說謊或否認、掩飾自己的行為

說謊的人總是會說：「我沒做那件事」，或者「不，不，不，那不是我幹的」，或者「我不知道這是怎麼一回事」，還有「我發誓……」之類的話。還有一類人犯了錯誤後，習慣說：「噢，這沒什麼大不了的，情況會好起來的。」或者「出錯了嗎？哪裡出錯了？」或「不要著急，事情會如你所願的。」

（2）指責別人，為自己的責任開脫

這類人犯錯後往往會說：「這是你的錯，不是我的錯。」或者「如果我妻子花錢不大手大腳的話，我就不會落到如此的地步。」或者「如果沒有孩子拖累的話，我早就很富裕了。」他們也會說：「顧客只是沒有注意到我的產品」，或者「我的員工對我不忠誠」，「他們說得不清楚」，還有「這是老闆的錯」等等。還有些人會說：「因為我沒受過良好的教育，所以我的事業不如意」，「如果再給我點時間的話，我會做好的」，或者

「噢，我不想再更有錢了」，或者「人人都這樣，我為何不可……」

(3) 半途而廢

半途而廢的人經常說的話是：「我早就告訴過你那樣做不管用。」或者「這件事太難了，不值得我投入這麼多的精力，還是換個簡單一點的吧！」或者「看，我都做了些什麼啊？我不想自找麻煩了。」假如一個人說：「我所得到的教訓就是再也不要那樣做了。」那麼，這個人也許還沒有領悟到犯錯的重要性。這麼多的人生活在貧窮裡，是因為他們不斷對自己說：「我再也不要那樣做了。」而不是說：「我很慶幸自己犯了錯，因為我從這次經歷中受益不淺。」避免犯錯或浪費犯錯誤機會的人，不能算是具備較高的智慧，在事業上的成就也會受到限制。

環境不由人的主觀意志加以控制，因此會導致失敗。這樣的例子不少。但是，沒有任何一種環境，能阻止人們對失敗做出最有益於自己的反應。

只有少數人能從經驗中得知堅忍不拔的正確性。這些人承認失敗只是一時的，他們依靠不衰竭的願望而使失敗轉化為勝利。我們站在人生的軌道上，目擊絕大多數的人在失敗中倒下，永遠無法再爬起來。對此，我們只能總結說，一個人沒有毅力，那他在任何一行中都不會得到成就。

第六章　永不言敗的性格

失敗過不等於失敗者

美國的沃倫‧本尼斯（Warren Bennis）和伯特‧納努斯（Burt Nanus）合作撰寫《領導人物》一書時，訪問了不少傑出的成功者，尤其是那些最高層的領導人物。這些傑出的成功者在性格方面和一般人具有明顯的區別，他們發現，傑出的成功者「不會想到失敗。他們甚至不用『失敗』這個詞，必要時就用毛病、差錯、錯誤、困境之類的字眼來代替，但從不說失敗。」

從這些傑出成功者的性格中不難看出：失敗過不等於失敗者。傑出的成功者也會遭受失敗，也曾經失敗過，可是他們從來不把自己看成是失敗者。

可是，有些人失敗過一次，就把自己當作一個道道地地的「失敗者」。如果一個人經歷了一次失敗，就把自己看作是一個失敗者，整日灰心喪氣，抬不起頭來，就會漸漸以失敗者的心理來看待周圍的一切。長久下來，說不定真的會變成一個名副其實的失敗者。

失敗是成功之母，誰要是承認了這一點，就已經邁出了戰勝失敗的頭一步。失敗未必是失敗，失敗過不等於永遠是個失敗者。

因此，當你突然遭受失敗的時候，不要以為天下只有你一個人會「享受」這樣的「待遇」，實際上在追求成功的過程中，人人皆有失敗的可能。世上沒有天生的成功者，你那所謂的失敗只是證明你離成功尚有一段距離。成功只是生活的一半，失敗 —— 成功 —— 再失敗 —— 再成功，這才是生活的全部。如果失敗了，我們沒有必要因此就灰心喪氣，悲觀失望，而應該客觀看待失敗，全面分析失敗，然後制定反敗為勝的計畫與策略。一般來說，對於失敗，我們應該從以下幾個角度進行分析：

　　把失敗看成是表面現象，從本質上來看，你不是個失敗者。有個推銷員當場碰了個釘子，與他同行的人很氣餒，認為他們都是失敗者。可是這位推銷員不這麼想，並說：「這樣，推銷才有趣呢！我們還要再去推銷！」在這位推銷員看來，失敗沒什麼了不起的，相反的，失敗令他奮勇向前。後來，他們的推銷果然成功了，而對方恰恰正是拒絕過他們的人。對一個能不斷戰勝失敗的人來說，失敗乃是表面現象。只要他不怕失敗，就能反敗為勝。誰是天生的失敗者呢？失敗過又何妨？

　　把失敗看成是局部現象，從全體上來看，你不是個失敗者。有些青少年朋友一門科目學不好，就覺得自己什麼也學不好。事實上，一門科目只是學習內容的一部分。一門科目沒學好，不等於其他功課也學不好。相反的，其他科目學得好，反而為學好各個科目提供新的可能。

　　把失敗看成是暫時現象，從長遠來看，你依然不是個失敗者。

　　英國作家卡萊爾（Thomas Carlyle）潛心撰寫《法國大革命史》一書，誰料書稿竟被女僕當做廢紙燒掉了。僅有的一份手稿被付之一炬，使卡萊爾悲痛欲絕。後來，他振作起來，開始一字一字、一句一句重新寫他的不朽之作，終於把《法國大革命史》重新寫成。

　　一次失敗不等於次次失敗，失敗了再來，只要屢試不輟，失敗肯定只是暫時現象。

　　有一位知名的作家說：「失敗應成為我們的老師，而不是掘墓人；失敗是暫時耽誤，而不是一敗塗地；失敗是暫時走了彎路，而不是走進死胡同。」如果你能這樣看待失敗，你就能輕鬆前進，最終戰勝失敗，獲得成功。

第六章　永不言敗的性格

從失敗的陰影中走出來

　　失敗是任何人都不願意看到的事情，但是，在很多時候，這也是難以避免的。出現失敗後怎麼辦？如果你因此灰心喪氣，悲觀失望，則只能坐以待斃，一事無成；如果你能從失敗中汲取教訓，總結經驗，這條路不行走那條路，這種方法不行用那種方法，你就一定能夠走出失敗的陰影，邁向成功的目標。

　　馬克·吐溫（Mark Twain）這位美國大文豪寫下了許多長篇鉅著，寫作是他的長處，那麼經商呢？恰恰是馬克·吐溫的短處。他的兩次經商活動，給他帶來的是兩次傷心的「徹底失敗」。

　　馬克·吐溫的第一次經商，是從事打字機的投資。一八八〇年，馬克·吐溫已經四十五歲了。那時他因為寫作而出了名，家中有點積蓄。這時一個叫佩吉的人對馬克·吐溫說，誰投資研發打字機，誰就能發大財。馬克·吐溫爽快拿出兩千美元，投資研發打字機，並想像著自己能因此發大財。可是，佩吉不斷對馬克·吐溫說：「快成功了，只需要最後一筆錢。」一年、兩年、三年……時間一晃就是七個年頭，據說「快成功」的打字機還是沒有出現。馬克·吐溫屈指一算，先後投資兩萬多美元，於是責問佩吉：到底何時才能「真正的成功」？

　　佩吉憑藉三寸不爛之舌，說這回可是「真正的」接近成功了，只要馬克·吐溫「最後一次」投入資金。無奈之下，馬克·吐溫只好再掏腰包。誰知，從四十五歲起投資研發打字機，到了六十歲，馬克·吐溫連打字機什麼時候能研發出來都不知道，而總投資已達十九萬美元。最後馬克·吐溫才醒悟過來，他痛心疾首的說：「我完全明白了，現在我承認自己是個大傻瓜……。」

　　馬克‧吐溫第二次經商是創辦出版公司。馬克‧吐溫成名後寫了不少暢銷書，眼看自己的作品大部分收入都落入出版商的腰包，他不甘心，於是想自己辦個出版公司。可是這位大文豪沒有經商經驗，又聘用了不懂出版的外甥當公司經理。如此一來，馬克‧吐溫的出版公司成了一個門外漢和另一個外行的活動場所。待出版公司倒閉時，馬克‧吐溫已經負債九萬四千美元。

　　兩次經商失敗，使馬克‧吐溫損失近三十萬美元。元氣大傷的馬克‧吐溫痛不欲生，幸好他的妻子奧莉薇婭深知自己的丈夫是文學巨匠和天才演說家，但經商並不是他的專長。於是，奧莉薇婭開始幫助馬克‧吐溫清除使他揚短棄長的「阻礙」。他們制定出一個四年還債計畫 ── 巡迴演講。馬克‧吐溫以幽默的故事和語言征服了千千萬萬的聽眾。由於揚長避短，發揮了優勢，使馬克‧吐溫很快擺脫了失敗。一九八九年，馬克‧吐溫終於還清了全部債務。

　　我們應該要知道，世界上根本不存在樣樣精通的全才。一個人在某一方面是行家高手，在另一個方面卻可能一竅不通。

　　《水滸傳》裡的李逵在岸上是一名虎將，但到了水裡卻有勁使不上。如果讓李逵揚短棄長，去做水軍頭領，那非敗下陣來不可。瑞典的艾柏格（Stefan Edberg）曾是網壇巨星，打網球常拿大獎。後來，他改行做生意，因揚短棄長而不斷賠本，最後不得不拍賣自家豪華別墅，以付經商「學費」。

　　「駿馬能歷險，犁田不如牛；堅車能載重，渡河不如舟。」這是非常易懂的道理，可見出現差錯是因為自己給自己製造「阻礙」。馬克‧吐溫、艾柏格等人經商失敗的經歷，提醒我們只有揚長避短，才有可能取得成功。

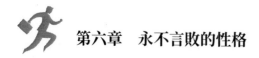

第六章　永不言敗的性格

　　雷・邁耶（Ray Meyer）是位帶有傳奇色彩的籃球教練，執教於帝博大學，他曾率隊贏得過三十七次冠軍。有一年，他的隊伍從冠軍寶座上跌了下來，當人們問他有什麼感想時，他的回答是：「太好了，今後我們又可以集中精力研究如何贏得第一，而不是怎樣保住第一了。」

　　身為一個年輕的漫畫家，華特・迪士尼曾多次被認為沒有才華而遭到報社的拒絕。一天，一個教堂的牧師請他去畫一些漫畫，當迪士尼在教堂附近的一個老鼠洞旁工作時，看到一隻小老鼠，於是突發靈感，就這樣，米老鼠誕生了。

　　俗話說：「成事猶如針挑土，敗事好似水推沙。」這話充分說明了在世上要做好一件輝煌的事是很艱難的。成功與失敗是一對親兄弟，如影隨形，難分難捨。人們常津津樂道於某人的事業多麼成功，某人怎麼樣發了大財，但誰知道他們成功的背後包含了多少失敗的辛酸。可以說，三分成功是以七分失敗為代價的。失敗是成功之母。科學家的發明，沒有一項是一次就成功的，成功者的生涯，也不可能是事事順利、時時如意的。重要的是遇到挫折、遭到失敗後，不要恐懼，不要一蹶不振。要告訴自己，人人都有犯錯的時候，要保持堅定的信念，迅速走出失敗的陰影，及時抓住再次成功的契機。

尋找失敗背後的原因

失敗的結局是任何人都無法改變的，但我們有如何看待失敗的主動權。真正的成功者，都是利用失敗的高手。

台塑集團是躋身「世界之最」的企業。這家能立足於世界「石化王國」的著名企業，其創辦人及董事長就是被稱之為「經營之神」的王永慶。王永慶有一個獨特的見解，就是「檢討才是成功之母」。

王永慶有自己的一套企業「管理模式」，共五條。其中第一條可概括為：立足競爭，「檢討才是成功之母」。王永慶認為，無論工作再苦、再乏味、再沉重，都要堅持。他相信失敗並不完全是成功之母，只有從失敗中找尋原因，及時克服，才有成功的希望。

王永慶先生創辦台塑初期，生產出來的塑膠產品數量少，價格也不能與日本塑膠競爭，因此最初產品嚴重滯銷，失敗使股東們心灰意冷，相繼要求退股。經過一番檢討，從失敗中吸取教訓，王永慶的公司才獲得競爭優勢，轉敗為勝。王永慶就是從多次失敗中才得出自己獨特的見解，深信「檢討才是成功之母」。

有些人把「失敗是成功之母」理解為失敗會自動轉化為成功，這當然是非常幼稚的想法，其實，失敗是不可能自動轉化為成功的，它需要一定的條件，那就是認真的檢討和反思。因為從失敗通往成功的唯一道路就是要深入了解失敗的緣由。一位名叫伊哈德的學者認為，轉敗為勝的關鍵在於看待失敗的態度：「我認為，要判斷失敗會不會阻止一個人，要看他怎麼樣看待失敗，而不是看他是否失敗過。面對失敗，我唯一要說的話是，自己應該對失敗負責。這句話不是說我們要自怨自艾，要對失敗懷著罪惡感，而是要承認失敗的原因。假如我為失敗辯護，為失敗找藉口，甚至感到難過，這些都是

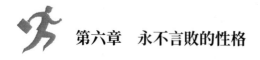

不負責任的做法。只有對失敗負責，我們才能比成功者更偉大。」

　　一九六〇年代，日本「九井」公司社長到美國去做商業考察，發現美國的「超級市場」很興盛，這種集生活日用品於一處、任人選購的銷售方式與銷售業績，使他產生「日本開這種超級市場也一定大有發展前途」的新構想。於是，回國後他立即付諸行動，在他經營的信用卡公司六、七樓創辦了「生活日用品超級市場」，並動用他所有的經營手段經營。然而創立一年多後，不但沒有賺到錢，反而大虧本，赤字三千萬日元。

　　面對這次失敗，該社長沒有怨天尤人，而是進行了認真的反思，從而找出失敗的癥結。他發現，開拓新領域必須要謹慎。

　　第一，要懂門道。他們原本經營生活日用品就不懂門道，又同時經營信用卡業務，因此吃了大虧。

　　第二，「追二兔者不得一兔」。在他們經營生活日用品時，分出了四十名年輕力壯的管理人才，使他們原來生意興隆的信用卡業務受到損失，結果兩種經營都沒做好。

　　第三，要選擇好經營地點和需求。他的超級市場賣生活日用品，開在六、七樓，又沒電梯。許多人不願意為了買一兩種蔬菜、魚肉或日用品而上樓。

　　第四，當發現有問題時，應該立刻「剎車」。該公司在六、七樓，經營三個月沒有生意，明知是錯的決策，社長為了面子還獨斷專行，又在平地另開了兩個「生活日用品超級市場」，結果開銷越來越大，生意也不好，使赤字增加。

　　經過這一番深刻的檢討與反思，他們調整了經營部署，果斷退出了他們不熟悉的生活日用品經營業，繼續拓展信用卡業務，最終成為日本一家規模龐大的公司。

　　美國企業家吉尼認為：「失敗後怎麼辦？有三件事要做：一是找出問題；二是查明問題產生的原因；三是解決問題。」他的話啟發我們，要想真正實現「檢討才是成功之母」，應該做好三件事。

　　第一件事：透過檢討找出問題。有些人並不是不願檢討，但是檢討自己的失敗時，說聲「付學費」或「下不為例」便心安理得、萬事大吉。這種所謂的檢討於事無補。遭受失敗不必灰心喪氣，重要的是找到問題的癥結所在。也有人作起檢討來，洋洋灑灑，歸納這、總結那，而說到問題則不知所云，無的放矢。這樣，即使把「失敗是成功之母」重複說一千遍，也無濟於事。王永慶的公司最初經營塑膠失敗了，在分析檢討時，王永慶先生首先找到了「成本高」這個問題。於是，他採用大幅度增加產量來壓低成本，結果吸引了很多客戶，銷路遠達海外幾十個國家。

　　第二件事：藉由檢討，查明問題產生的原因。任何問題的產生都是有原因的，把主要原因找到了，問題也就迎刃而解。王永慶先生失敗後，從自身找原因。過去，臺灣企業依靠廉價勞動力和政府保護，現在這些優惠條件正在減少，所以王永慶認為只能靠自己降低成本，提高效率，才能不被別人擠垮，才能立於不敗之地。他還不斷檢討自己在企業管理中失敗的原因，如此才使自己的資本額由五十萬美元發展到三十億七千萬美元，成為名列世界二十名以內的大企業家。

　　第三件事：利用檢討解決問題。弄清問題所在，分析問題產生的原因，接下來就要採取行動解決問題。塑膠產品的原料在生產中有百分之七十無法被利用。王永慶採取措施，充分改善資源轉換效率以產出更多塑膠。針對企業管理中存在的問題，他也提出自己的一套管理模式。這個模式包括提高產品品質、事前有計畫、刻苦精神和提高員工水準。王永慶還讓員工了解產品成本與他們自己切身利益的關係，並對股東負責。由於著

第六章　永不言敗的性格

力解決問題，王永慶先生也就成功在握了。

在檢討失敗的過程中，最為難的是找出並且正視導致失敗的個人弱點。這個過程需要有真正坦誠的個性，並且一旦你看清了自己的弱點，就要開始努力克服。

在這個複雜的社會裡，確實有不少失敗是因為客觀原因使我們栽跟頭，這是事實。但更常見的是我們自己跌倒，這也是事實。我們之所以失敗，是因為我們有自己的不足，有自己的失誤。只有勇於承認這一點，才能真正找到失敗的癥結，真正反敗為勝的途徑。因此，要想從失敗中奮起，就需要經常對著鏡子照照自己的不足並加以克服。

不在同一個地方跌倒兩次

對許多人來說，失敗就意味著完結。但是，對那些有所成就的傑出人物來講，失敗是新的開始，是達到新高度的跳板，這些人根本不把失敗放在心上。有人專門調查研究過九十名這類人物，其中有總經理、參議員、教練等，發現他們甚至不用「失敗」這個字眼，而是代之以失誤、受挫和「新起點」等詞。

有一天，愛迪生觀察一部礦石粉碎機時，發現它的轉速不夠理想，便吩咐助手把運轉速度再提高一些。助手回答說：「再提高速度，機器會壞的。」愛迪生此時經濟狀況不佳，可是他堅持要提高速度。突然轟隆一聲，礦石粉碎機果然壞了。助手問愛迪生：「怎麼樣，從這次失敗中學到什麼？」愛迪生微笑著說：「學到我們可以把製造者所定的動力極限提高百分之四十，只要不超過最大極限就行。」

面對失敗，愛迪生的樂觀態度告訴我們，失敗並不意味著完結，而是

一個新的起點，新的開始。

有些人在失敗時總認為那是命運的安排，實際上，世間並沒有神主宰人們浮浮沉沉的命運，人若自敗，必然失敗。

有一些現象人們平時司空見慣，卻很少去想想它蘊含的意義：教戰爭史的人，喜歡講述歷史上失敗的戰例；經濟學家總是迷醉於世界經濟危機的研究；生產線上產出了不良品，工程技術人員總是千方百計要搞清楚原因……從成功學的角度來看待這些現象，表示一些人失敗了，而另一些人卻在失敗的基礎上成為偉大的成功者 —— 這是一個規律。

在一般情況下，失敗一詞是消極性的，其實，失敗也有它的積極意義，只要正確看待，從失敗中汲取教訓，失敗可以成為成功之母。

首先，我們要鼓起戰勝失敗的勇氣。

據說，愛迪生的第一項專利是電動投票記錄器。這項發明很快成了無用的「廢物」。愛迪生遭受第一次失敗後，心裡雖然不是滋味，可是並未因此灰心喪氣，而是鼓足勇氣繼續做發明。

有了正確面對失敗的態度，愛迪生勇敢正視失敗，不斷去探索，最終使自己在失敗中成熟起來。所以愛迪生給後人奉獻的不只是種種發明，還有他面對失敗和挫折所表現出的勇氣。

其次，我們要樹立戰勝失敗的信心。

愛因斯坦讀小學時，有一次上工藝課，別的同學都交了自己的手工作品，唯獨愛因斯坦沒有交。直到第二天，他才交出一個做得很粗糙的小板凳。老師看了很不滿意。小愛因斯坦卻左手舉起一個小板凳說「這是我第一次做的」，又舉起右手的另一個說：「這是我第二次做的，剛才交的是我第三次做的。雖然它不能讓人滿意，但總比這兩個好一些。」

人們都說，愛因斯坦的這三個小板凳引人深思。小愛因斯坦失敗了再

第六章　永不言敗的性格

繼續做，對做好工藝充滿信心，這一點難道不值得我們學習嗎？失敗並不遺憾。相反，一個人最大的遺憾也許是從來沒有經歷或很少經歷過失敗，因為他對要在哪一方面有所成就可能會缺乏信心。

再一次說，我們要運用戰勝失敗的智慧。「吃一塹，長一智」是成功者們的經驗之談。愛迪生說過：「失敗也是我需要的，它和成功對我一樣有價值。只有在我知道一切做不好的方法以後，我才能知道做好一件工作的方法是什麼。」許多成功者面臨失敗時都能冷靜處理，動用聰慧頭腦和運用思維睿智，最終化險為夷，反敗為勝。

古印度皇帝巴布爾在一生中也經歷過許多次失敗，有一次他不得不在一個馬槽裡躲避敵軍的搜捕。身為一國之統帥卻不得不躲在馬槽裡，他越想越喪氣，簡直忍不住要衝出去拚上自己的生命。但就在這時，他看到馬槽裡有一隻螞蟻在艱難的拖著一顆玉米粒，試著爬過一道看上去牠不可能過的坎。已經是第六次了，螞蟻從坎上翻滾下來，但小小的螞蟻似乎沒有意識到困難的巨大，牠又一次銜起玉米粒爬了上去，終於成功翻了過去。巴布爾從中受到巨大的鼓舞，脫險後他再一次召集軍隊，不屈不撓的與敵人戰鬥，最後建立起了中世紀最後一個橫跨歐亞非的帝國蒙兀兒。

美國思想家杜威（John Dewey）說過：「失敗是有教導性的。真正懂得思考的人，從失敗和成功中所得一樣多。」當然，關鍵是你要在這次失敗中吸取教訓，下次不再犯同樣的錯誤，只有愚蠢到不可救藥的人才會在同一個地方被同一塊石頭絆倒兩次，這樣的人也不會從失敗中掌握未來，實現命運的轉折。

始終保持強烈的成功願望

　　每個人在一生中都有成功的機會，但是大多數人不會成功，因為他們不願付出代價。他們有能力，但缺乏成功中至關重要的因素——成功的願望。成功的願望僅僅是信念的一部分。如果你具備了這一特質，你就會無所不能，任何事你都能做，最終會成為一個勝利者。

　　在阿特・威廉（Arthur L. Williams Jr.）當足球教練的時候，他接管了一個很弱的隊伍，全是些體重不足、經驗缺乏的青少年。這個隊久經失敗，隊員們甚至不願意穿上運動服出去訓練。威廉清楚，在一個季度內，讓他們的體格達到完善並變成職業足球運動員是不可能的，任何教練也做不到。他唯一能做的就是讓他們意識到自己是勝利者。

　　起初，隊員們以為威廉瘋了。但是漸漸的他們開始相信他的話，並把他們自己當作競爭者。第一場比賽贏了，他們竭盡了全力，什麼也阻擋不了他們。他們已經形塑了勝利的信念。一夜之間，他們並沒有變，實力與其他的足球隊仍不在同一個等級上。但他們認為自己是勝利者，這一信念改變了一切。

　　作家和學者們年復一年對事業成功之人進行研究，得出了這樣的結論：勝利的觀念是取得成就的關鍵。成功由三部分組成，一部分是才能，一部分是「機遇」，一部分是「成功的願望」。成功者的普遍標準是正確估量自己身為勝利者的能力。這一點為什麼如此重要呢？因為每個人都不願意辜負自己的希望。勝利者通常都有一種想要成功的「火一般熾烈的欲望」。這種特質提供了達到目標所需的動力。

　　為了成功，你必須追求勝利。行動上的「勝利願望」意味著即使在逆境面前都要表現出堅忍不拔的態度和成功的決心。有人給勝利者這樣下定義：「大多數人能堅持兩三個月。許多人能堅持兩三年。但是勝利者總是

第六章　永不言敗的性格

堅持到底，直至勝利。」

　　每個人都有能力在現有的水準上，使生活有所轉機，做一個出類拔萃的人。這樣做的決定就是起點。你能做的態度 —— 勝利的觀念 —— 將促使你達到目的。

　　要形塑成功的信念，一定要重新學習如何夢想。一定要再一次變得振奮、有自信和熱情，在屢受挫折之後，把這一切轉化為成功的觀念。在這方面，辛蒂的經歷值得每一個人借鑑。

　　辛蒂在公司當兼職員工，做得不錯。後來，丈夫與她一起從事這一工作。然而，不幸卻降臨在他們身上：女兒染上重病，家中起火，公司裡許多職員離職，經營處於停滯狀態。兩輛小客車都賣掉了，錢花得一乾二淨。情況卻越來越嚴峻，婆婆又突然生病。如果換作是別人，或許會認為那樣的日子是生命中的災難。

　　但辛蒂不是這樣的！在辛蒂看來，這是她生活的轉捩點，是她決定駕御自己的生活並取得成功的時候。

　　丈夫回家後，他們便彼此商量。他到外地去工作而辛蒂繼續從商。在不名一文，背著數以千計的債務的情況下，他們又開始了工作。一點一點、一天一天的，一次還一點債，他們終於熬過來了。後來，辛蒂在一個商業領域任職總經理。

　　是什麼力量促使辛蒂重新振作起來？是成功的信念，是不甘失敗的決心。她有使自己的夢想成為現實的能力。

　　夢想往往是與命運結合在一起的。為了你的生活，好好想想吧！了解自己，去尋找一直在渴望的夢 —— 使人出類拔萃的夢，做出一番偉大的事業。用這夢來建樹你成功的信念。如果你相信成功的信念，你就有了無所不勝的保證，是真正的保證，只有真正的勝利者具備這種保證。

永不言敗才能反敗為勝

　　成功是令人神往的，但通向成功的道路是坎坷的、曲折的、艱難的。縱觀古今中外的成功者，哪一個不是歷盡磨難？如果成功的路上都是一帆風順，都能一蹴而就，那世界上就不會有人失敗、有人落魄了，個個都會成為成功者。只有具備面對困難百折不撓、遇到挫折堅持不懈精神的人，才有可能採摘到成功的果實。如果因為遇到一點困難就灰心喪氣，受到一點挫折就悲觀失望，並因此而打退堂鼓，這樣的人是永遠也不可能達到成功目標的。

　　洛克斐勒（John Davison Rockefeller）是美國石油大王，但他出身貧寒，父親是一個農夫，走投無路之時，曾經靠賣「癌症必癒藥」為生。洛克斐勒一家，終日胼手胝足，也僅能免於凍死。

　　洛克斐勒少年時在別人家的農田工作，每天賺三十七分錢。他把賺來的錢存起來，有五十美元；然後，他以年利率百分之七借給雇主，結果發現一年所生的利息等於他做十天的苦工賺的錢。

　　「從那時開始，我就決定了日後的營運方針，」洛克斐勒回憶說，「我決定要使錢成為我的奴隸，而不再做錢的奴隸。」

　　一八五九年，美國的賓州發現石油。洛克斐勒知道這是一個大好機會，努力研究，發明了提煉石油的方法。於是，他說服了一個有錢的人與他投資合夥，開創事業。

　　第一年，由於經營乏術，公司大虧了本，合夥人心灰意冷，有關門大吉之意。洛克斐勒安慰他說：「朋友，不要灰心，不要頹喪，凡是一件事情的成功，總是要經過很多困難的。」

　　第二、第三、第四年，公司的事業依然沒有起色，他們始終在艱苦的

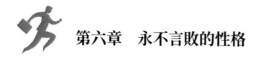

第六章　永不言敗的性格

環境裡周旋。而洛克斐勒不斷的說：「只要我們埋頭苦幹，一定有成功的一天。」

不退縮、不灰心、永遠向前走，這就是洛克斐勒特有的性格。到了第五年，洛克斐勒的石油公司，終於大大賺錢。

不怕失敗，不畏艱難，使洛克斐勒的財富，一天一天與他名下的石油一起增長。一八七〇年，洛克斐勒以一百萬美元創辦了當時差不多是全美最大的煉油廠 —— 標準石油公司。

洛克斐勒創辦「標準」之初，他在紐約有十五家對手，在費城有十三家，在匹茲堡有二十二家，在其他各地有二十七家。到了一八八〇年，「標準」的煉油量為美國的百分之九十五 —— 儼然君臨天下，唯我獨尊，令洛克斐勒成為實至名歸的石油大王。

其實，失敗並不可怕，可怕的是不能面對現實，勇敢承擔責任，自我反省，反敗為勝。有道是，「棋輸還有棋盤在」。勇敢面對失敗，承擔責任就是反敗為勝的起點。很多成功者都是在反覆的失敗與挫折的教訓下，吃一塹，長一智，從失敗走向成功的。只要我們能冷靜找出失敗的原因，汲取失敗的教訓，樹立一切從零開始的勇氣，排除雜念，輕裝上陣，重上戰場進行奮鬥，絕對有可能反敗為勝。

在幾百年前，一位名叫羅伯特‧布魯斯（Robert Bruce）的國王統治著蘇格蘭，而愛德華一世是英格蘭的國王，他還想成為蘇格蘭的國王。但蘇格蘭人卻認為英格蘭人是外國人，他們不想接受一位外國國王的統治。因此，愛德華便派遣軍隊去進攻蘇格蘭，許多仗都是英格蘭獲勝。羅伯特和他的士兵們雖然英勇作戰，但最後還是被英格蘭人打敗了。英格蘭人要抓羅伯特，他不得不逃離蘇格蘭，痛苦的躲在海島上的一個山洞裡。他喪失了打敗敵人的一切信心。「再次嘗試還有什麼用呢？」他自言自語的說。

正在這時，他看到一隻試圖織網的蜘蛛。蜘蛛把絲的一頭固定在穴頂，然後滑到絲的另一頭，在空中蕩起來，牠試圖用絲使自己掛到洞頂上。但絲斷了，蜘蛛掉到地上。牠隨即又爬到了洞頂再次嘗試，絲又斷了。蜘蛛就這樣試了一次又一次，毫不中斷，最後終於成功了。羅伯特想：「一隻蜘蛛都能夠堅持下去，直到勝利，我也能這麼做。」他重新召集士兵，繼續向英格蘭人反擊，最後終於取得了勝利。

成就一番大事業，是一項複雜、牽涉面較廣的系統工程，隨時都有千變萬化的情況出現。因此，誰也不能保證我們的計畫能百分之百順利實施，我們的目標能百分之百完全達到。但是，面對挫折，面對失敗，我們如果因此而放棄，便前功盡棄，如果繼續堅持不懈，便有可能反敗為勝。

拿破崙·希爾說道：「大多數人之所以會失敗，就是因為他們不會持之以恆的想辦法來克服失敗。」超級富翁邁克·塔德說道：「我常常會破產，但從未貧困。」

美國一位蘋果園主楊格曾遭到一次挫折。一場特大冰雹襲擊了他的果園，將大紅蘋果打得遍體鱗傷，而已被下訂的九千多噸蘋果即將要發貨。天災使他處於果園有可能倒閉的「敗局」。楊格沒有像一般人那樣一下子就陷入絕望，而是面對挫折，開始動腦子想辦法。一天夜裡，絕妙的主意萌生了。冰雹雖然使大紅蘋果不再惹人喜愛，但果肉卻變得汁濃爽口。於是楊格連夜把蘋果按原訂單裝箱送出，只是箱內附上一張紙條：「這批貨各個帶傷，但請注意，這是冰雹打出的疤痕，是高原地區出產的蘋果特有的標幟。這種蘋果果緊肉實，具有妙不可言的果糖味道。」訂貨者起初半信半疑，待親口品嘗後，發現確實有「高原風味」，結果，被冰雹打傷的蘋果全都被買主們所接受，而且從此人們還特地要求楊格供應帶有疤痕的蘋果。

在順利的環境下獲得成功，固然是一大幸事，但能有這種幸運的人卻

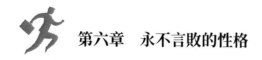
不太多。大多數人在追求成功的過程中，必然會遇到許多挫折，經歷許多失敗。平庸者面對挫折而氣餒，面對失敗而灰心，結果坐以待斃，成為失敗的俘虜；傑出者則善於從挫折中吸取教訓，從失敗中獲取智慧，最終反敗為勝。

因此，能夠反敗為勝，是一個人能成就大事業最直接、最鮮明的標幟，也是成功者的最高境界。缺乏反敗為勝的勇氣，沒有反敗為勝的能力，這種人是難成大事的，即使偶爾僥倖獲得某些微不足道的成功，也是難以持久的。真正的成功者，絕對都是能夠反敗為勝的強者！

永不言敗才能在逆境中永生

貝利‧法伯指出：逆境會擊垮我們，但也可能鍛鍊我們。只要我們不被逆境擊敗，我們就可以越發堅強。

據他對在商業、體育、教育、娛樂、科學、醫學、政治等各領域獨領風騷的成功者進行調查，發現他們都有個共同點：在人生某個時期裡，都曾迷失過方向；也就是說，他們沒有一個人是一帆風順到達頂峰的。他們全都碰到過困境、挑戰、挫折、衝突、壓力、排斥、失望，他們和我們一樣都曾跌倒過。他們之所以能脫穎而出，全在於事情不順利時能夠有所作為，不輕言逃避。

一天，一個四歲、耳朵有點聾的小男孩從學校回到家裡，口袋裡裝著他的老師寫的一張紙條，紙條上寫著：「你的湯米太笨了，無法到學校學習，把他領回家吧。」他的母親看了這張紙條後說：「我的湯米並不笨，他能學，我自己來教他。」後來，湯米成了一個偉大的發明家 —— 他就是湯瑪士‧愛迪生。

　　每一位成功人士都曾面臨困境、阻撓與失敗，他們也必定曾與深層的恐懼及缺乏自信奮戰過。然而，每一位成功人士也都因此而學會了如何將恐懼及失敗融入遠景裡，試圖由困境中獲得力量及知識。

　　邱吉爾（Winston Churchill）一生際遇坎坷，求學時成績不好，在騎兵隊裡也一直升不了官，任職財政大臣時，又碰上世界貨幣危機；愛因斯坦在上學時，代數相當差；羅斯福（Franklin D. Roosevelt）曾被當時的新聞媒體批評為二流人物，連他的母親也到處宣揚他的缺點；梵谷（Vincent van Gogh）生前只賣掉一幅畫作；邀請莫札特（Wolfgang Amadeus Mozart）為其作曲的皇帝，也曾批評莫札特的歌劇用的音符太多。

　　但是，這些偉人並沒有被這些逆境擊垮，反而更加努力，更加勤奮，所以我們今天的世界才會如此多彩多姿。

　　卡內基在紐約教授成人課程時，發現很多人都有一個很大的遺憾，就是沒有機會接受大學教育，他們似乎認為未進大學是一種缺陷。而他認識的許多成功人士都沒上過大學，因此，他知道這一點並沒有這麼重要，他常告訴這些學員一個失學者的故事——

　　他的童年非常貧困，父親去世後，靠父親的朋友幫忙才得以安葬。他的母親必須在一家雨傘工廠一天工作十個小時，再帶些零工回來做，做到晚上十一點。

　　他就是在這種環境下長大的。有一次，他參加教會的戲劇表演，覺得表演非常有趣，於是就開始訓練自己公開演講的能力。後來他進入政界，三十歲時，他已當選為紐約州議員。不過對於接受這樣的重大責任，他其實還沒有準備妥當。事實上，他還搞不清楚州議員應該做些什麼。他開始研讀冗長複雜的法案，這些法案對他來說，就跟天書一樣。他被選為森林

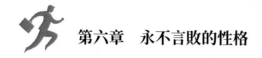

第六章　永不言敗的性格

委員會委員，可是因為他從來不了解森林，所以非常擔心。他又被選入銀行委員會，可是他連銀行帳戶也沒有，因此十分茫然。他告訴卡內基，如果不是恥於向母親承認自己的挫折感，他可能早就辭職不幹了。絕望中，他決定一天研讀十六個小時。憑藉這種努力，他由一位地方政治人物提升為全國性的政治人物，他的表現是如此傑出，連《紐約時報》都尊稱他是「紐約市最受敬愛的市民」。

這位戰勝了弱點而充分發揮自己的優勢、一舉成名的傳奇人物叫阿爾・史密斯（Al Smith）。在阿爾開始自主學習後的十年，他已經成為紐約州政府的活字典。他曾任四屆紐約州長──當時還沒有人擁有這樣的紀錄。一九二八年，他當選為民主黨總統候選人。包括哥倫比亞大學及哈佛大學在內的六所著名大學，都曾授予這位年少失學的人榮譽學位。

阿爾親口告訴卡內基，如果不是他一天勤讀十六小時，把他的缺失彌補過來，他絕對不可能有今天的成就。

實現夢想並發揮潛能，和生活在怯懦及妥協之中，其實只有一線之隔而已，因為那全都是在你一念之間。成功人士將過錯、失望、障礙及失敗當做成功的基石，以此擺脫困境，再振雄風。對他們來說，每一次的失敗都是一次寶貴的教訓，而每一次的教訓都是讓他們再試一次的本錢。可以說，他們相當善於運用自己的失敗。說得更精確一點，他們之所以不平凡，正是因為他們勇於面對錯誤及逆境，從中總結經驗，吸取教訓。他們知道，只有不斷征服困境才能成功。

一位智者曾經說過：「你不可能遇到一個從來沒有遭受到失敗或打擊的人，你也同樣會發現人們成就的大小，和他們遭遇逆境、克服失敗和打擊的程度成正比。」

每一次的逆境、失敗或挫折，都隱藏著再次成功的契機，當我們處在失敗的恐懼中時，是看不見這種機會的。所以一定不要恐慌，保持信心，努力追求，必將獲得更大的成功。

追求成功如逆水行舟，不進則退。我們如果只能在諸事順遂的情形下贏得勝利，不但體現不出大將的風範，而且勝利也只是暫時的，不穩固的。逆水行舟才能看出船夫的本領；逆境奮起，以勇氣和堅忍不拔贏得成功，才是難能可貴的。成大事猶如尋道登山，勇敢的人才能攀上絕頂。狹路相逢勇者勝。氣貫長虹，料敵如神，才能戰勝對手。在追求成功的過程中，你若失去了財產，你只失去了一點；你若失去了勇氣，你就失去了一切。

第六章　永不言败的性格

第七章
左右逢源的性格

人際關係就是感情和關係網，人際關係是創造財富的有效方法。一個人的事業成功，七成靠的就是人際關係，那些事業成功的人往往都是善於左右逢源、人際關係處得較好的人。而在人際交往之中，形形色色的人都有，若想讓自己在事業上穩步向前，左右逢源的性格就十分重要了。因為，左右逢源的性格無疑能夠讓你擁有更多的人際關係，讓你在事業之路一往直前。

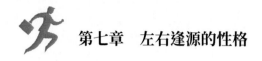

做個難得糊塗的自己

中國有一句人人都很熟悉的俗語：「難得糊塗。」但凡在生活中有了點成果、做出了點貢獻的，或者那些自以為屬於聰明、精明行列的人，都在自己的書齋裡掛上了鄭板橋古里古怪的字，「難得糊塗」。

所謂糊塗，是指一個人頭腦不清楚，不明事理。而所謂難得糊塗，是說一個人一生精明過人、從不犯迷糊，這類人則最好犯幾次糊塗，因為對於他來說，太不容易犯糊塗了。

從古到今，除了那些傻子、白痴之類的人以外，能認得幾個字、知道點人生道理、懂點人情世故的，哪個不以為自己是屬於聰明的那一類？算不上絕頂聰明，也該是聰明絕倫的，誰願意承認自己是一個糊塗蛋呢？

就算是那些表面上看著木呆呆、傻呵呵的，半天不吭一聲，看著像個朽木的，人們也不說他們糊塗，而是說「大智若愚」、「大巧若拙」，所以在這個社會裡，人人都精明的像峨嵋山上的猴子，只有玩人的份，哪有被人玩的份，你找不到一個像是糊塗蛋的人。

為什麼人一方面要把自己裝扮成一個極其靈光的人，而有的時候卻又要讓自己裝出一些糊塗來，我們這些虛偽的人到底在耍什麼把戲呀？

《紅樓夢》中的王熙鳳給了我們一個明確的答案：聰明反被聰明誤。王熙鳳何等的冰雪聰明，簡直就是出類拔萃，恐怕這世上有很多男人都不及她。她八面玲瓏，外柔內剛；她表面向你微笑，心裡卻在給你設圈套。一個看上她美色的賈瑞被她的計策整得一縷孤魂上青天；一個看上她老公的尤二姐被她的兩面三刀給逼得吞金自盡；而她的「偷梁換柱掉包計」李代桃僵，則送掉了林黛玉脆弱的性命。

至於王熙鳳的能耐，那可大了，整個榮寧兩府在她的整治下服服貼

貼，秦可卿出殯這樣的大事，到了她手裡簡直是小菜一碟。她能說會道，賈府上下沒有不知道她璉二奶奶的。

可王熙鳳卻是一個精明過頭的女人，精明到處處好強、事事爭勝，哪兒都少不了她，導致最後得罪了大太太，加上賈母撒手人寰，她的靠山沒了，終於落得聰明反被聰明誤，「反送了卿卿性命」。

紅學家感興趣的是，這樣一個精明能幹的女人最終結局如此悲慘，全在於她畢竟是一女流，畢竟沒有看透官場上的處世哲學 —— 難得糊塗。她被她的聰明、她的鋒芒畢露給害了。

一個老和尚和一個小和尚來到河邊。一個年輕姑娘正猶豫著如何過河，看到和尚們來了便求他們幫助。

老和尚念了一聲「善哉」，便抱著姑娘過了河，姑娘千恩萬謝的走了。

走了相當長一段路，小和尚突然問：「出家人，不近女色，師父你犯戒了。」老和尚哈哈大笑道：「我早就放下了，你怎麼還抱著？」小和尚面紅耳赤。

很多人在處世時就像這個不懂真諦的小和尚，使自己心態處於不平和之中。

人常說：「給人方便，與己方便。」難得糊塗無非就是給人方便。給人方便，人就會對你也方便。兩個過於精明的人就像兩隻正在酣鬥的公雞一樣，非要分出個你勝我敗來，這對健康的身心是沒有什麼益處的。

一個人在處事、生活中學會難得糊塗，會在很多方面受益無窮。

生活中的許多小事，如果我們採取難得糊塗的態度，睜一隻眼閉一隻眼，很容易小事化無。而如果你一點都不糊塗，一是一，二是二，矛盾、紛爭，甚至流血犧牲都有可能發生。

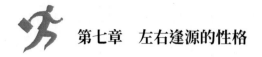

第七章　左右逢源的性格

　　兩個大學生搶著看電視頻道，如果一個糊塗一下，讓著對方，對方看什麼就跟著看，電視嘛，哪個頻道不都是娛樂嗎？大家就會繼續看電視，而不是兩個人對打起來，一個惱羞成怒，用刀子捅向對方，結果鬧出人命，可謂可悲可嘆也！

　　生活中有很多精明的人總是喜歡揪別人的小辮子，抓別人的缺點，以為這樣做顯得自己比他人高明，實際上這種語言、行為上的絲毫不糊塗卻是造成兩個人關係疏遠、分道揚鑣，甚至成為仇敵的根本原因。

　　與人交往、處世的關鍵是要心情愉快，而心態平和是心情愉快的前提，難得糊塗就可以使一個人心態平和。

　　如果你是一個牙尖嘴利、眼尖手快的人，你必然會發現一些別人注意不到的東西，如果你一笑置之，不加追究，不久，你就會忘掉這些東西，而一旦你覺得自己無法不指出來，非要昭示給他人看，既弄得他人滿心不快活，恐怕你自己的心也難以平靜下來。

　　如果你是一個處處不糊塗的人，總是圓睜雙眼，提高警惕生活，那你累不累呀？有沒有身心疲憊的時候？你何不像一個大智若愚的人那樣，難得糊塗一下！

　　鄭板橋知道「難得糊塗」的奧妙，他一生也就過得瀟灑、坦然。

方圓有度的性格

在人際關係中，不可多得的一條錦囊妙計就是以退讓開始，以勝利告終。你先表現得以他人利益為重，實際上是在為自己的利益開闢道路。在做有風險的事情時，冷靜沉著的讓一步，可能就會取得絕佳的效果。

成功的第一步就是使自己的利益和意圖不能絲毫暴露，要讓對方因為你能投其所好而甘願做你讓他去做的事。

美國有名的礦冶工程師赫蒙，畢業於美國耶魯大學，同時還在德國的弗萊堡大學拿到了碩士學位。可是當他帶齊了所有的文憑去找美國西部的大礦主赫斯特時，卻遇到了麻煩。大礦主赫斯特是個脾氣古怪又很固執的人，因為他本人沒有什麼文憑，所以就不相信有文憑的人，更不喜歡那些文質彬彬又專愛講理論的工程師。當赫蒙前去應聘遞上文憑時，以為老闆會非常的高興，沒想到赫斯特很不禮貌的對赫蒙說：「我之所以不想用你，就是因為你曾經是德國弗萊堡大學的碩士，你的腦子裡裝滿了一大堆沒有用的理論，我可不需要什麼文謅謅的工程師。」聰明的赫蒙聽了他的話，不僅沒有因此而生氣，反而心平氣和的回答說：「假如你答應不告訴我父親的話，我要告訴你一個祕密。」赫斯特表示同意，於是赫蒙對赫斯特小聲說：「其實我在德國的弗萊堡並沒有學到什麼，那三年就好像是稀里糊塗的混過來一樣。」沒想到赫斯特聽了之後笑嘻嘻的說：「好，那明天你就來上班吧。」赫蒙就這樣利用了必要時不妨計少的策略，非常輕鬆的在一個十分頑固的人面前通過了面試。

可能有人會認為赫蒙這樣做十分不適合，但關鍵是能不能做到既不傷害別人又能把問題解決。對赫蒙來說，他貶低的是自己，他自己的學識怎樣，當然不在於他自己的評價，他就算把自己的學識抬得再高，也絲毫不

第七章　左右逢源的性格

會讓自己真正的學識增加一分一毫，與之相反，即便是把自己的學識貶得再低，也是不會減少一分一毫的。

我們求他人合作最有力的法寶，就是尊重並突出別人的觀點和利益。人們經常不會正確利用這一件法寶，是因為他們經常忘記，我們如果過分強調自己的需要，那別人即便本來是對此有興趣的，也一定會改變態度。

想要感動他人，就得從他們的需要著手。你一定要明確了解，想要一個人做任何事情，唯一的方法就是讓他自己甘願做。同時，還一定要記住，人的需要是不一樣的，各人有各自的癖好偏愛。只要你認真探索對方的真正意向，特別是與你的計畫有關的，你就可以依照他的偏好去對付他。首先你的計畫應該配合別人的需要，之後你的計畫才有可能實現。比如說服別人最基本的要點之一，就是巧妙誘導對方的心理或感情，讓別人乖乖就範。如果說服的一方特別強調自己的優點，企圖使自己占上風，對方反而會加強防範心。所以，首先應該先說出自己的缺點或錯誤，暫時讓對方產生優越感，而且還要注意不要以一本正經的態度表達，這樣才不會讓對方趁虛而入。

有一些接受請求者，以為自己幫助了別人，自己就有恩於別人，心理上會不自覺產生一種優越感，還有可能對求助者數落一番。在你認為自己有可能會被人指責時，可以先把自己數落一番，當對方發覺你已經承認錯誤時，就會不好意思再指責你了。

學會示弱的性格

　　真正強大的人常常喜歡示弱。有這麼一個人，走入文壇已三十多年，童話、小說、散文都寫得很好，得了不少獎。然而，這位長者與人為善，說話細聲細氣，對同行態度極其謙遜。文學界裡的人提起他，都說他是個好人。他為人處事的方法可概括為一句話：善於示弱，也就是在自己明顯占有優勢的情況下，淡化自己的光芒，不讓自己鋒芒畢露，充分尊重別人的感受。這種示弱並非真正的弱小，而是一種主動去掌握生活的自信與從容。

　　在生活當中的許多時候，我們都習慣把自己裝成強者，或者說是假裝堅強，感覺自己帶著堅強的光彩前行，這樣做人做事才會有充足的底氣。因而面對學業的壓力，就業的殘酷，以及生活當中的各種困境，從前是「男兒有淚不輕彈」，現在是「男女有淚不輕彈」，不管心中有多苦多累，臉上總是要永遠掛上燦爛的笑容；不管腳步多沉重，在人面前卻依然要蹦蹦跳跳，若無其事。似乎只有做到這樣才能獲得自身的尊嚴。當然，生活在這個世界的人們比起軟弱總是更喜歡堅強。可是卻不知，壓抑情感對於劇烈的心理落差只能支撐短暫的一時，長久以來，總有一天會崩潰。畢竟一個人的心理承受能力是十分有限的。那麼在這個時候就要學會示弱。

　　據說美國第九任總統威廉・亨利・哈里森（William Henry Harrison）原出生在一個小鎮上，他小時候是個文靜害羞的孩子，人們都把他看作傻瓜，常常喜歡捉弄他。他們經常把一枚五分硬幣和一枚一角的硬幣扔在他的面前，要他任意撿一個，威廉總是撿那個五分的，於是大家都嘲笑他。有一天一位好心人問他：「難道你不知道一角比五分值錢嗎？」「當然知道。」威廉慢條斯理的說，「不過，如果我撿了那個一角的，恐怕他們就再也沒有興趣扔錢給我了。」

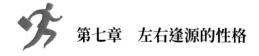

第七章　左右逢源的性格

　　看那野生動物節目中，一隻鬣狗在成群的牛羚和瞪羚覓食時，鬼鬼祟祟的走來走去。如果換作外表威猛、身體剽悍的獅子和獵豹，這些食草動物們早已嚇得聞風而逃了。但鬣狗其貌不揚的樣子實在難以引起牠們的重視和注意，更讓牠們不屑的是，這隻鬣狗低著腦袋，夾著尾巴，緊縮著身體，步履緩慢，擺出一副可憐兮兮、俯首貼耳的樣子。這些身體健壯、奔跑跳躍力出色的牛羚和瞪羚任由鬣狗在牠們的身邊走來走去，不時發出一陣輕蔑的笑聲。

　　笑聲中，這隻鬣狗突然面露猙獰之色，一個加速跳起咬住牛羚的後腿，強壯的牛羚不甘心束手就擒，拚命掙扎，但鬣狗強而有力的脖頸使牠具有像老虎鉗一樣的咬合力，牛羚做夢也想不到，動物界只有鬣狗能承受如此巨大的甩動力量。不一會兒，這隻牛羚已奄奄一息。幾天後，這隻鬣狗又故技重施，成功捕獲了一隻瞪羚。

　　鬣狗的示弱不但可以麻痺獵物，提高狩獵的成功率，同時也為牠贏得了朋友。禿鷲經常引導鬣狗找到食物，身為鬣狗，牠不會像獅子一樣趕走禿鷲，而是與禿鷲一起分享大餐。同時還會主動為禿鷲提供富含鈣質的骨頭碎片，幫助禿鷲生產蛋的硬殼，繁育強壯的後代。

　　牛羚、瞪羚和禿鷲都不會想到，外表具有欺騙性的鬣狗是非洲大陸除了獅子以外，最強悍的掠食動物，牠具有世界上最堅硬的上下顎，在一平方公分的面積上可以施加八百公斤的巨大力量，甚至可以咬碎大象的骨頭。實際上，鬣狗常常和獅子爭鬥，牠們堅強的戰鬥力令落單的獅子也避之唯恐不及。

　　強大的鬣狗竟然會在牛羚、瞪羚和禿鷲面前示弱，看起來不可思議，無異於強者在自毀形象。但得到的結果是，鬣狗的捕食成功率遠在其他肉食動物之上，由此也換來種族的繁衍昌盛，牠們是地球上目前數量最多的

捕食動物。

　　學會示弱，並不是要一個人用一種軟弱的人生態度面對眼前的生活。而是要改變一貫的強者姿態，試著柔軟自己的心靈與大腦，去接受別人的關愛與幫助。要放低自己一貫高昂的頭，試著謙虛自己的言行與舉止，去讚美別人的成功，承認自己的脆弱。強者的生活可能多的是鮮花和掌聲，但背後浸滿孤獨；而弱者的生活可能平淡而簡單，但其後滿是溫暖與陽光。學會示弱，並不意味著你自己與強者無緣，而恰恰相反，正是因為你的示弱，身邊才會有無數雙帶著暖意的眼睛關注你，支持你，這樣你前進的步伐才會更加的輕鬆、有力，到最後出現無心插柳柳成蔭的效果。

　　其實，對於真正的天才，真正的強大最主要的是你是否懂得示弱，善於示弱。那種不鳴則已，一鳴驚人的感覺是不是更爽快呢？說白了也就是：在你處於明顯優勢的情況下，淡化你的光芒。留點餘地給別人。充分去尊重別人，這樣你得到的不僅僅是別人的認同與尊重，還能維持人與人之間的人際關係。最重要的是更有利於自己的進步。這種示弱是積極的，同時也是聰明的。是一種主動掌握生活的自信與從容。然而在得到了成功的時候，也千萬不可過分的謙虛，那樣對手會以為你在輕視他！

　　任何一種行為，在其背後都有一種心態作為支撐。試想，一個人在生存競爭中處於劣勢地位，他往往會對處於優勢的人產生一種嫉妒心理，甚至是報復心，展生言語上的挑釁、行為上的暴力。然而，如果處於優勢的人能夠放低你的優勢，淡化你的成就，是不是會對嫉妒你的人有點安慰呢？能得到成就又得到他人的尊重何樂不為呢？所以，有些時候我們不防適當的糊塗一下，示弱一下，這不能不算作一件好事啊！佛家有云：一念天堂，一念地獄。

　　可能我們每個人都有這樣一個體會：打拳擊時，你是不是要把拳頭縮

回來再伸出去才有力量呢？如果你就手直直的一味窮追猛打，那受傷的必定是你。對於一個人的示弱也是這樣的道理。你唯有能夠收拳頭，才能夠展示出你更強的力量。

因此，如果你想當天才，那麼你就一定要先懂得示弱。

讓他人接受自己的意見

在社會上，人們的能力是有高低之差的，要快速了解他們，不妨看看他們的說服力。說服能力的高低，其主要表現的是說話的藝術。語言的力量能夠征服世界上最複雜的東西 —— 人的心靈，透過這一媒介，不熟悉的人可以彼此熟悉起來，長期形成的隔閡可以消除。若是語言運用不當，也可能導致交涉失敗，甚至損害自身的形象。

渴望同情是人的天性，如果你想說服比較強大的對手時，不妨採用這種爭取同情的技巧，從而以弱克強，達到目的。

一個嚴寒的冬天，在紐約一條繁華的大街上，有一個雙目失明的乞丐。乞丐脖子上面掛了一塊牌子，上面寫著：「自幼雙目失明」。一天，他向一位路經此地的詩人乞討。詩人阮囊羞澀，面露難色，他思忖片刻，說道：「我也很窮，不過，我可以幫助你。」說完，他順手在乞丐的牌子上寫了：「春天就要來了，可我不能見到它」這句話。

路過乞丐面前的行人在看到這塊牌子之後，頓時在內心湧起一種酸楚的滋味，紛紛施捨這位雙目失明的乞丐，乞丐也因詩人寫的那行字而博得了眾多人的同情與施捨。

從這裡可以看出，這位詩人善於利用人們的「同情心理」，從而喚起了人們的實際行動。

感人心者，莫先乎情，這是一句合乎情理的話語。對於人全部的心理活動，都離不開情感的伴隨，情感猶如強大的驅動力，主導著人們的行為。

張某學習一向優異，因父親生意失敗，欠下很多債，但父親仍想方設法借錢讓他讀書，張某很懂事，不想讀書了，想幫助父親減輕壓力。於是他的朋友知道後便對他說：「父親生意失敗，家裡困難，這是現實情況，但你父親在這麼困難的情況下仍送你來讀書，就是希望你能有出息，將來比他強，依我看，這是你父親生命中最重要的一筆投資，如果你現在不讀了，我相信父親一定會很傷心。」張某在聽了這番話之後，很快振作起來，沒過多久又成了年級的佼佼者。

矛盾是普遍存在的，社交場合也不例外。解決矛盾，一般都透過說服去解決，只有在長期說服無效，矛盾又日益增加時，才會採取一些非社交性質的強制手段，然而這仍然需要以說服作為輔助手段。說服不局限於思想教育工作，傳播知識、治療疾病、經濟談判等等，都離不開說服。即使志同道合的摯友之間，也不可能永遠事事認知、見解完全一致；若想要達成一致，就要透過說服。說服工作處處存在，經常出現，它的應用範圍也是十分廣泛的。

古代一些喜歡遊說君王的謀士們，靈活且機警，如果不自傲，往往是可以達到成功的。危言、直言不易被君王接受。以情動人，以理動人，以義動人往往就可以產生非同尋常的效果。

戰國時期，趙國的國君趙惠文王死了，趙太后便臨時管理起了國政。到了第二年，秦國派兵大舉進攻趙國，形勢很是危急，趙國就派人向齊國請求救兵，但齊國說：「必須讓趙太后的幼子長安君到我國來當人質，我們才能出兵。」趙太后心疼自己的小兒子，不答應這個條件。大臣們紛紛

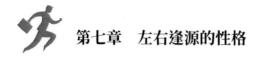

都來勸諫，然而趙太后就是不聽，她還下令說：「如果有誰再來勸諫，我就一定要朝他臉上吐唾沫。」如此一來，誰也不敢去勸諫了。

左師觸龍見國情十分危急，便想了一個計策，前去會見趙太后，趙太后見了觸龍，頓時顯得很生氣。然而觸龍卻故意走得很慢，而且東拉西扯的和趙太后說了些閒話，這才使趙太后稍微和氣了一些。接著，觸龍又說起自己的兒子，意思是想為兒子謀求個差事。趙太后高興的答應了，觸龍以此為契機，進一步接觸正題，談起了長輩該如何愛護兒子的道理，趙太后因為已經消了氣，所以對這些道理也聽得入耳了。觸龍說，為兒子著想，不能光看眼前，重要的是還應該考慮到他的將來，讓他建功，這樣才能夠使他立業。到了最後，趙太后終於被觸龍說服了，同意派長安君到齊國去做人質。長安君到了齊國之後，齊國果然出了兵，最終解除了趙國的危機。

觸龍就是運用了以情動人，以理服人的講話技巧，最終把趙太后給說動的。我們可以想像以情動人，以理服人的巨大力量。

說服人家動搖、改變、放棄己見，或信服、同意、採納你的主張，實質上是一場從精神上征服人心的戰鬥；但又不能使對方有絲毫被迫接受的感覺。一個人幾十年間形成的思想觀點，一個民族千百年形成的風俗習慣、思考模式，你休想透過三五次苦口婆心的說服，就輕易改變。一種嶄新的學說、理論、觀點、方法，即使已透過一定的實踐證明其正確性、科學性、合理性，但要深人人心，仍需經過長期、反覆的宣傳和說服。說服需要耐心、韌性，打持久戰。但如果遇到特殊情況，也需要集中力量打殲滅戰，速戰速決。有的說服，三言兩語，就說到了對方的心坎上，疙瘩迎刃而解；有的說服，越說對方越不服，結果不歡而散。這說明了說服有一定的規律，是一門交談、對話的藝術。教師、醫師、律師、推銷員、宣傳

員、外交官等，天天在做說服的工作，一生以不斷說服人為己任，更有必要探討、研究說服的規律，掌握說服的藝術。

給人面子就是給自己面子

俗話說：蚊蟲遭扇打，只為嘴傷人。以尖酸刻薄之言諷刺別人，只圖自己嘴巴一時痛快，殊不知會引來意想不到的災禍。人與人之間原本沒有那麼多的矛盾糾葛，往往只是因為有人逞一時之快，說話不加考慮，隻言片語傷害了別人的自尊，讓人下不了臺，心中怎能不燃起一股邪火？有了機會，反咬一口，也是情理之中的事。

自以為聰明的人常不給人面子，針往痛處扎，而且顯得特別痛。要知道，不給人面子帶來的後果有時是很嚴重的，從自己難堪到人頭落地都有可能。

美國前總統富蘭克林（Benjamin Franklin）年輕時很驕傲，言行舉止，咄咄逼人，不可一世，後來有一位朋友將他叫到面前，用很溫和的語氣說：「你從不肯尊重他人，事事自以為是，別人受了幾次難堪後，誰還願意聽你矜持誇耀的言論。你的朋友將一個個遠離你。你再也不能從別人那裡獲得學識與經驗，而你現在所知道的事情，老實說，還是太有限了。」

富蘭克林聽了這番話後，很受感動，決心痛改前非。從那以後，他處處注意，言行謙恭和婉，慎防損害別人的尊嚴和面子，不久，他便從一個被人敵視，無人願意與之交往的人，變為極受人們歡迎的成功人物。

驕傲自大，尖酸刻薄，最易傷人面子，謙卑待人，才能得到友誼。也就是說，不要自以為聰明，傲慢無禮，要學會在謙和中與人維持好人際關係，謀求成功資本。

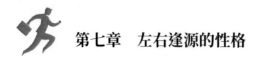

第七章　左右逢源的性格

三國名將關羽，過五關，斬六將，溫酒斬華雄，匹馬斬顏良，偏師擒于禁，擂鼓三通斬蔡陽。「百萬軍中取上將之首，如探囊取物耳」。

然而，這位叱吒風雲，威震三軍的一世之雄，下場卻很悲慘，居然被呂蒙一個奇襲，兵敗地失，被人割了腦袋。

關羽兵敗被斬的最根本原因是蜀吳聯盟破裂，吳主興兵奇襲荊州。吳蜀聯盟的破裂，原因很複雜，但與關羽其人的驕傲有著密切的關係。

諸葛亮離開荊州之前，曾反覆叮囑關羽，要東聯孫吳，北拒曹操。但他對這一策略方針的重要性認知不足。他瞧不起東吳，也瞧不起孫權，致使吳蜀關係變得緊張起來。關羽駐守荊州期間，孫權派諸葛瑾到他那裡，替孫權的兒子向關羽的女兒求婚：「求結兩家之好」，「並力破曹」，這本來是件好事。以婚姻關係維繫補充政治聯盟，歷史上多有先例。如果放下高傲的架子，認真考慮一番，利用這一良機，進一步鞏固蜀吳的聯盟，將是很有益處的。但是，關羽竟然狂傲的說：「吾家虎女肯嫁犬子乎？」

不嫁就不嫁嘛，又何必如此出口傷人？試想這話傳到孫權那裡，孫權的面子如何吃得消？又怎能不使雙方關係破裂？

關羽的驕傲，使自己吃了一個大大的苦果，被自己的盟友結束了生命。

懂得為別人保住面子

人很奇妙，可以吃悶虧，可以吃暗虧，但就是不能吃「沒有面子」的虧，所以在人性的叢林裡求生存，必須了解到這一點，這也就是很多善於運用糊塗智慧的人不輕易在公開場合說一句批評別人的話的原因，寧可高帽子一頂頂的送，既保住別人的面子，別人也會如法炮製，給你面子，彼此心照不宣，盡歡而散。

從歷史有紀錄的時代開始人們就很講求面子，有的人可以為面子捨棄自己一生的幸福。尤其是以往封建社會，對於廣大婦女的要求更是如此。所謂「餓死事小，失節事大」，好像人一輩子必須要為了臉面而活。你可以想想，如果連事業都不能保障，連生命都受到威脅，還要那面子，有什麼用處？學會取捨，實際上就是學會生活。

人生就好像是一條大河，不可能一直向前、直通大海，必然要根據地勢、地貌，彎彎曲曲，七拐八扭。人生也是這樣，一般來說，當人處於逆境時，或者說，在倒楣時就應該委曲求全、收起鋒芒。這就是屈的功能。從而以屈求伸，來等待機會，再創生命的輝煌。俄國十月革命時，蘇聯剛剛奪取政權，德國就有向東侵略的傾向。很多人主張組織軍隊與德國一戰，列寧卻不這麼做，特地派人去德國進行和談，簽訂了對蘇聯不利的條約。這是一種妥協，這種行動並不表示列寧的立場不堅，而是在強大的敵人面前，不得不這樣做。否則，新生的革命政權就會被推翻。一個國家是如此，一個人也是如此。在形勢不利於自己發展時，必須要採取以屈求全的策略，耐心等待機會，千萬不要急躁。

古人說：「小不忍，則亂大謀。」明代馮夢龍在其著作《智囊》中，認為人和動物一樣，在形勢不利的時候，就應該暫時退後，以屈為伸；否

第七章 左右逢源的性格

則，必將傾覆以至滅亡。他說：智是術的源泉；術是智的轉化。如果一個人不智而言術，那他就會像傀儡一樣，百變無常，只知道嬉笑，卻無益於事，終究不能做大事。反過來，如果一個人無術而言智，那他就像御人之舟，自我吹噓能運楫如風，無論什麼港灣險道他都能通行，但實際上真的遇到危灘駭浪，他便束手無策、呼天求地，如此行舟，不翻船喪命才怪呢！蠖會縮著身體，鷥會伏在地上，都是術的表現。動物都有這樣的智慧、以此來保全自身，難道說人類還不如動物嗎？當然不是。人應該學會保護自己，以期發展自己。

人最大的毛病就是死要「面子」，「人要臉，樹要皮」，為了他們所謂的面子，常常死撐硬頂，不肯屈、不肯退讓、不願認輸，結果到最後失去了很多寶貴的東西。雖然面子重要，但是如果連生命都受到威脅了，連事業都不保了，留著再光鮮的面子又有什麼用呢？人活著其實就這麼一回事，幾十年的光景，不能考慮得太多，不能這也顧忌那也顧忌，不能這也放不下那也放不下，到頭來只能是一事無成，活得也窩囊，過得也痛苦。

從古至今，我們做的很多事都是為了面子。只不過有時是為了自己的面子，有時則是為了別人的面子。甚至男人為了面子寧願選擇死亡的例子有很多。古語中有句話：士可殺不可辱。在古代戰爭中，每位將士被俘虜後，遭到敵人的戲弄時，最喜歡說的正是士可殺不可辱。你要嘛就殺了我，要嘛就不要玩我。如果你玩我，那麼我活著沒面子，還不如死去。俘虜們為了面子而選擇死亡，這種行為是高貴的，比什麼都值錢。一代英雄項羽的烏江自刎就是個為了面子而死的典型例子。他打了敗仗後跑到烏江，本來是可以乘坐漁船逃回江東的，但他放棄了。因為他覺得無顏見江東父老，沒有面子回去面對他的鄉親父老了，結果他選擇了自刎。他的死成全了他的面子，成全了一代梟雄的氣節。

所以，中國人常說人為一口氣，佛為一炷香。不能不給面子，不能扯破臉，更不能顏面掃地。顯而易見的，面子是交往中不可迴避的重中之重。如今，生活中愛面子的人很多。例如王先生就是這樣一個人。

一日，王先生和侄兒去購物，見到需要的東西，大家都想買。侄兒剛開始工作，連吃飯錢都拮据，自然沒錢可掏了，王先生也不想再做冤大頭，就沒有如以往一般主動付帳。銷售員很機警：「一看你就是有錢、有地位講義氣的人，那點小錢你還在意。」一句話噎得王先生半天喘不過氣來，儘管王先生要多花兩千五百多塊錢，但為了顯得自己有義氣，也只好把手緩緩伸向錢包。

有時朋友相聚，王先生一向不勝酒力，但朋友一句「這點面子也不給嗎？」就是一杯下肚；幾輪下來，稍有推辭就被說成是沒有酒品，這多失面子呀。於是乎，牙一咬，心一橫，又是一個底朝天，那個樣子就如同英雄含笑赴刑場般大現凜然之氣，回家後卻頭重腳輕，痛苦不堪。

朋友有事相求，王先生明知在自己能力之外，但一句「咱倆什麼交情，這點面子你能不給」，便殺頭成仁，捨身取義。四處奔走，求爺爺、告奶奶，事一辦成，人也輕鬆大半。

在複雜的社會人際關係中，「面子」的含義不一而足。你敬我一尺，我還你一丈，人情就是面子。一個籬笆三個樁，一個好漢三個幫，關係就是面子。

第七章　左右逢源的性格

用真誠去打動別人

　　以誠待人，能夠獲得人們的信任，發現另一個開放的心靈，經過努力得到一位願意用全部身心展示自己的朋友。這就是用真誠換來真誠，如果人們在發展人際關係，與人打交道時，去除防備、猜疑的心理，代之以真誠與別人交往，那麼就能獲得出乎意料的好結果。

　　美國心理學家安德森曾經做過一個實驗，他製作了一張表，列出五百五十個描寫人的品性的形容詞，讓大學生們指出他們所喜歡的特質。

　　實驗結果明顯表現出，大學生們評價最高的性格特質不是別的，正是「真誠」。在八個評價最高的形容詞中，竟有六個（真誠的、誠實的、忠實的、真實的、信得過的和可靠）與真誠有關，而評價最低的特質是說謊、作假和不老實。

　　安德森的這個研究結果具有現實意義。在交往中，人們總是喜歡誠懇可靠的人，而痛恨和提防口是心非、虛偽陰險的人。真誠無私的品德能使一個外表毫無魅力的人增添許多內在吸引力。人格魅力的基本要點就是真誠。待人心眼實一點，守信一點，能獲得更多他人的信賴、理解，能得到更多的支持、幫助和合作，從而獲得更多的成功機遇，最後脫穎而出，點燃閃亮人生。

　　以誠待人，能夠在人與人之間架起一座信任的心靈之橋，通往對方心靈彼岸，從而消除猜疑、戒備心理，把你作為知心朋友。我們在工作中應充滿真誠，離開了真誠，則無友誼可言。一個真誠的心聲，才能喚起一大群真誠的人的共鳴。英國專門研究人際關係的卡斯利博士這樣指出：大多數人選擇朋友是以對方是否真誠而決定的。

　　有一則寓言說：

有隻小豬，向神請求做他的門徒，神欣然答應。剛好有一頭小牛由泥沼裡爬出來，渾身都是泥濘，神對小豬說：「去幫他洗洗身子吧！」小豬訝異的回說：「我是神的門徒，怎麼能去伺候那髒兮兮的小牛呢！」神說：「你不去伺候別人，別人怎會知道，你是我的門徒呢！」

原來要得到別人尊敬很簡單，只要真心付出就可以了。人與人之間融洽的感情是心的交流。肝膽相照，赤誠相見，才會心心相印。聖經上說：你想要別人怎樣待你，你就要怎樣待別人。只有你付出了真情，朋友才會以真情待你，雙方的關係才能得以持續、穩固、健康的發展。

真誠是為人的根本。那些取得巨大成功的人都有許多共同的特點，其中之一就是為人真誠。如果你是一個真誠的人，人們就會了解你、相信你，不論在什麼情況下，人們都知道你不會掩飾、不會推託，都知道你說的是實話，都樂於與你接近，因此也就容易獲得好人緣。

與朋友相處，以誠為貴。與人打交道時，你存著防備、猜疑的心，不能敞開自己的胸懷，講真話、實話，總是遮遮掩掩、吞吞吐吐、令人懷疑，是無法搞好人際關係的。

當朋友需要你時，你要盡心盡力予以援手；當他無意中冒犯了你時，你要抱著寬容大度的心情，真心真意原諒他；他有求於你時，要毫不猶豫幫助他。或許，你會問：「為什麼我要待他這麼好？」答案很簡單，因為他是你的朋友。

人與人的感情交流具有互動性。一個人如果要想與人成為知心朋友，首先得敞開自己的胸懷。要講真話、實話，切忌遮遮掩掩、吞吞吐吐、令人懷疑，以你的真誠去換取別人的真誠。請記住：只有真誠對待對方，才能贏得對方的信賴。

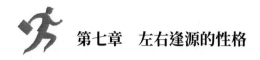

擅長恩威並施之道

　　所謂恩威並施，就是恩惠和懲罰同時使用，從古到今的很多政治家，統治者，大多會使用這樣軟、硬兩種策略。你臣服於我，就施以恩惠，同時還用武力與懲罰的手段來對付叛逆行為。

　　「以恩結之」的謀略，由「攻心為上」的精神貫穿。古人曰：「得人心者得天下，失人心者失天下。」為將之道，可以奪心。同時，在戰爭紛擾的古代，人們需養成這種豁然達觀的處世態度，在今日，我們更應該如此，淡化利欲之心，積極入世，超然出世。有些人往往做事把結果擺在第一位，只重結果，不重過程。而結果一旦不如人意，便沮喪頹唐，猶如喪家之犬，惶惶不可終日。

　　東漢時期光武帝的姐姐湖陽公主，年輕時便守了寡，因此漢光武帝待她十分寬厚。曾經有一次湖陽公主的僕人在外面殺了人，逃匿在公主的行宮中。負責追緝的捕快很快便到湖陽公主宮中進行談判，想要捉拿犯人。可是犯人藏在公主宮中，這個問題並不是一下子就能解決的，更不能闖進去拿人，捕快們都覺得這件事十分棘手。當時的洛陽令董宣聽到這個消息之後，便想出了一個主意，趁這個僕人陪同湖陽公主外出的時候，把僕人從車上拉下來打死。公主看了很生氣，馬上就到漢光武帝面前告狀，漢光武帝看到自己十分敬愛的姐姐遭受這種待遇，頗為憤怒，立刻下詔召見董宣，準備處死。董宣來到殿前，不慌不忙辯解道：「皇上，你饒恕了罪證確鑿的犯人，如何向天下昭示法律的尊嚴呢？不過微臣也知道對公主無禮，應該賠罪，不用皇上來處置，微臣現在就以死謝罪。」

　　說得雖然慢些，然而做起來卻是十分迅速的，董宣立刻就把自己的腦袋撞在宮殿的柱石上。皇上聽董宣說得十分有理，主要礙於在湖陽公主面

前不好交代，正不知該怎麼辦是好。突然想到一個主意，馬上叫左右侍從壓住董宣的頭，要他向湖陽公主賠不是，以便了結此事。

然而與之相反的是，董宣卻把左右侍從兩個人的手按在石柱上，寧死也不肯把血淋淋的頭低下來向公主賠罪，硬是挺直脊梁，把自己弄得滿臉通紅。此時的漢光武帝也是無可奈何，只好說了一聲：「董卿的頸子真硬。」隨即命令董宣退下去，在其內心裡卻為董宣的剛直和節操持肯定態度，而且還給了他三萬錢來獎賞他。

從這個案例當中我們可以看得出，漢光武帝一下處在「公共關係」的兩難之間，進退兩難。一邊面對的是親情所繫的自己敬愛的姐姐；而另一邊面對的是為維護其本國統治而秉公執法的大臣。在這種特殊的情勢下，身為皇帝的光武帝，以「明罰暗賞」的謀略技巧來處理此事，的確不失其高明之處。這既給了湖陽公主面子，從而也維護了姐弟之情，又挽救了大臣的一條命，並透過「暗賞」施恩於受委屈的部下，以特殊的媒介「三萬錢」，無聲傳遞著一種讚許或歉意。

三國時期的蜀國丞相諸葛亮就是一位十分擅於利用恩威並施這項策略的政治家。在諸葛亮「七擒孟獲」之中，把他恩威並施、降服人心的策略描述得淋漓盡致而又出神入化。

劉備去世之後，蜀國丞相諸葛亮有了北伐中原的打算。當時的蜀國南部，就是雲南貴州交界處，少數民族的大酋長孟獲發動叛亂，諸葛亮決定親自領兵平息叛亂，先解除這一後顧之憂。在當時就有人對他提出了建議，派一員大將南下就足以消滅孟獲，丞相就不必考慮那「不毛之地」了。然而諸葛亮對此卻有更加長遠的考慮，他要對孟獲恩威並施，以收服人心。

當地很多部落並不是如同鐵板一樣連繫在一起的，孟獲是叛亂的帶頭者，也是影響力最大的酋長。諸葛亮很清楚，蜀國的大敵是北方的曹操。

第七章　左右逢源的性格

對於南方部族，不能採取趕盡殺絕的錯誤政策，而要分化瓦解，孤立孟獲，用計生擒孟獲。

孟獲被俘之後並不服氣，說諸葛亮靠詭計取勝並非真英雄。諸葛亮對此並沒有為難他，當場釋放了他，讓他回去之後起兵再戰。就這樣，一而再，再而三，諸葛亮一次次生擒孟獲，又一次次將他釋放。直至第七次，諸葛亮不但生擒孟獲，俘虜了他的妻子和弟弟，還使得其他部落紛紛歸順自己，孟獲的部族也是眾叛親離。也就是在這樣的情況下，諸葛亮對孟獲一家人仍然尊重並以禮相待，終於使孟獲深受感動，發自內心臣服於蜀國。這樣使得蜀國南部從此之後便平靜穩定了下來。

恩威並施的兩手策略，應用的範圍極為廣泛。用美國人的話來說，就是「胡蘿蔔加大棒」。一旦用在「賞罰嚴明」，「坦白從寬，抗拒從嚴」這樣的小事上，也都屬於軟硬兼施的兩手策略。

看淡身邊的名利

名利在每個人面前是公平的。它為人所困，為人所持。倚重名利是一種活法；淡泊名利也是一種活法，一種境界，一種高尚的處事方法。不為「名」所困，不為「利」所圖，不以「物」喜，不以「己」悲，淡泊名利，是正確達到理想和事業頂峰的條件，更是人生的追求。

衛靈公是戰國時期有名的昏君，整日吃喝玩樂，對於國家大事絲毫不關心。王強是他朝中的一名小官，此人奸詐狡猾，一個心思只想往上爬。他見皇帝整日吃喝玩樂，便苦思冥想，想出一條計策作為升官的途徑。他不知從哪裡找來一個江湖騙子，擅長變戲法。王強想到此計後，便成天做美夢，夢想著自己升官發財，甚至在睡覺的時候都會發出得意的笑聲。

一日早朝，衛靈公懶洋洋的坐在龍椅上。眾臣面面相覷，卻沒有一個人上前奏本。衛靈公正等得不耐煩時，王強出列，說道：「大王，微臣有本要奏。」

「哦，呈上來。」

衛靈公身旁的侍從將王強的奏摺呈上，衛靈公打開一看，只見上面寫著：「陛下，臣有一個稀奇玩意呈上，不知陛下可否移駕後宮？」衛靈公看罷，喜上眉頭，心裡一直在想那稀奇玩意是什麼，就迫不及待的說：「退朝，退朝，王強，你隨孤王到後宮來。」王強一聽，心裡樂開了花，表面上卻恭恭敬敬說了一聲「是」。

到了後宮，王強立即趨前一步，給衛靈公磕頭。沒想到衛靈公卻厭煩的說：「王愛卿呀，快起來吧。孤王問你，那稀奇玩意到底是什麼呀？」

看著衛靈公著急的樣子，王強急忙用柔和的語調說：「大王，您別著急，那稀奇玩意在殿外候著呢。」

「哦，那快傳他進來。」

衛靈公話音剛落，早有一個小侍從飛跑出去傳旨了。不一會兒，只見那個小侍從氣喘吁吁的跑回來，一個道士跟在他的背後，白鬍飄飄，手拿一把拂塵。只是他的眼睛洩露了祕密，此人絕非什麼善類。只見他走上前來，深施一禮：「參見陛下。」

「哦，免禮。王愛卿，這分明是個道士嘛，哪有什麼稀奇玩意呀！」衛靈公不悅的說道。

「陛下，這稀奇玩意兒就在他身上。您別著急，往下看。」

只見這道士來回掃了幾下拂塵，突然手上多了個盤子，一顆鮮紅的大蜜桃在盤子裡放著。衛靈公的眼睛都直了，他的注意力不在桃子而是桃子從哪來的，等他反應過來，連忙從座位上站起來，大喊著：「仙人，仙人啊！」

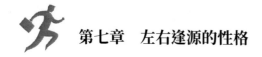

第七章　左右逢源的性格

　　王強一見，心中竊笑，表面卻不動聲色，謙遜的說：「大王，他不是仙人，這只是戲法，變著玩的。」弄清真相後，衛靈公驚異於道士的手法之快。王強深知等到衛靈公的新鮮感一過，他就不會在意了。於是，趕忙又趨前一步，說：「大王，這道士不但會變戲法，還會煉製長生不老的丹藥。」衛靈公的心病正被這句話切中，他正整日想著如何才能延長壽命呢。一聽此言，興高采烈，連忙說：「哦，仙師，這可是真的？」

　　那道士施禮答道：「大王，全國上下皆知您是位英明的君主，貧道長年鑽研，終於找到煉製丹藥之方，願意為我王親自煉製，願我王萬壽無疆。」衛靈公一聽此言喜不自禁，說道：「那就請仙師住在後宮，煉製丹藥吧。」

　　「貧道遵命。」

　　這件事情就這樣決定了。其實道士哪裡會煉製丹藥，這只不過是王強的計策。反正煉製丹藥需要很長時間，有的是時機想對策。就這樣，道士在宮中住了下來，衛靈公煩悶時，他便變變戲法哄衛靈公開心，其餘的時間裡，則假裝在忙著煉製丹藥。而王強也自然因為「有功」而得到了重賞厚封。

　　此後，王強仗著衛靈公對自己的寵愛，胡作非為，朝中大臣對他都憤恨不已。一日，衛靈公乘車到山中遊獵，王強隨從左右。打獵的時候，經過一片桃樹林，滿樹都是又大又紅的桃子，令人饞涎欲滴。

　　王強跑過去，摘了一個，擦乾淨，就咬了一口，味道十分鮮美。他拿著那個桃子又跑了回來，雙手遞給衛靈公說：「陛下，桃子十分好吃，請您嘗嘗。」

　　衛靈公也沒多想，於是拿著桃子就吃了一口，果然十分好吃。吃完了桃子之後，一行人進山打獵去了。

　　回宮以後，吃桃子的事在整個朝廷上下傳了開來。俗話說惡人自有惡人治，有些人拿這件事大做文章，說王強讓衛靈公吃自己吃剩下的東西，又說他出門坐著和君王一樣的車子。漸漸的，這些話被衛靈公知道了，他聽後便開始對王強厭惡起來，畢竟君王的威嚴被這些事觸犯了，衛靈公覺得非常沒有面子。後來，終於找了個藉口把王強殺掉了。

　　這便是利欲薰心之人的下場。官場上的是是非非很多，最好是把一切看開、看透，不要讓一時的名利蒙住了眼睛而看不清事實，那樣對自身沒有益處。即使你是一時得志，但並不保證一世得志。一旦名利在心，負擔便會加重，生活會很煩悶。得不到名利，工作心灰意冷，這大可不必。有句歌詞唱得好：「熙熙攘攘為名利，何不開開心心過一生」。

　　在官場上當退則退，把名利看淡一些，這樣的人生才更有意義。

在教訓中獲得智慧

　　得來不易的東西，人們加倍珍惜；唾手可得的獎品，拿到了也不覺得稀奇。事物的價值多少，常決定於你所下的工夫和代價有多少。所以，好事多磨不必害怕，正因為多磨，你才會珍惜它那真正的「好」！

　　人與人交往常愛用「一帆風順」「萬事如意」之類的吉語互贈，這說明為人處世頗不容易，因而總期盼順利與如意。然而，生活之中，想辦成一件好事少有一帆風順之時，倒是艱難險阻常相伴，不如意事常有八九。因此，生活中有了「好事多磨」的俗語。

　　例如，結婚是一個人一生中最大幸事，馮先生與他的對象經過兩年多馬拉松似的戀愛之後，終於決定結婚了。然而去登記時卻頗費了一些周折，來來回回折騰了好幾趟。他騎車第一次去鎮上登記那天剛下過雪，凜

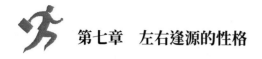

冽的北風刮得他只能推著車子前行，到了鎮上找到事務所，卻拿不出印章來，見馮先生氣喘吁吁十分焦急的樣子，事務所人員笑著說：「小伙子別著急，好事多磨嘛，你明天再來吧！」當時辦事人員少，結婚登記需要跑戶政事務所、警察好幾個部門，有時還真不好找人，就這樣為了結婚登記，來回二十多里的路程，跑了五六趟，就是好事多磨的真實寫照！

　　生活中辦事總是一帆風順的少，失敗挫折的多。因此，「糊塗學」主張要給辦事失敗挫折一個心理準備，放棄百分之百的成功期望。這樣你在生活中才能放下包袱，輕裝上陣。如此一來反倒容易成功。

　　中國有一個運動員在體育大賽中多次獲得乒乓球單打冠軍，有乒乓球愛好者向他請教成功的祕密，出人預料的，他竟說「成功之前先要做好失敗的準備」。接著他進一步解釋說：在進入正式比賽前，要事先承認不論怎樣做，你不可避免會出現各式各樣的失誤，做好這樣的心理準備就可以減少心理壓力，從而取得比賽的成功。他還舉例說，在一次全國乒乓球大賽中，他和另一位國手爭奪冠亞軍，國手確實厲害，一上場就先贏了他兩局，但由於他在進場前就做好了失敗的心理準備，所以沒有慌亂，完全放開來打，撐住了，最後反倒是他戰勝了國手而獲得成功。

忘記也是一種交際術

　　生活中有許多痛苦、尷尬、恩怨，就是因為我們會忘記，這些對身心有害的成分才會漸漸被沖淡，漸漸讓我們脫離了苦痛，我們才能擁有快樂和幸福。然而，在我們的生活中，要學會忘掉那些無用、甚至有害的東西，並非一件容易之事。

　　人生在世不可能萬事都順利，每個人都會遇到緊張、挫折乃至失敗，

這樣漸漸的就形成了負面情緒。如果總是處理不好情緒，必然會為我們的生活和工作帶來負面影響。

心理學家柏格森說：「腦子的作用不僅僅是幫助我們記憶，還有幫助我們忘卻。」其實這是在提醒人們，要不停對自己不健康的情緒進行清理和調整。我們說，一個聰明的人是不會為自己的情緒所困擾的，他通常能夠把煩惱的往事放在一邊，而讓愉快的心情時時陪伴著自己。其實，人們也唯有這樣，才會有旺盛的精神與體力去學習、生活、工作。從某種意義上說，忘記是一種人生智慧。

《列子‧周穆王》中有這樣一個故事：

宋人華子患了健忘症，「朝取而夕忘，夕與而朝忘，在途則忘行，在室則忘坐，今不識先，後不識今」，「蕩蕩然不覺天地之有無」。後來有高人將他的病治好了，誰知他又把平生數十年的得失、歡樂、好惡都記起來了，須臾不忘，把妻子點點滴滴的不檢點和兒子的種種不敬、鄰居各方面的過失都掛念於心，最後「擾亂萬緒，遂怒而黜妻罰子，操戈逐鄰」，搞得雞犬不寧、四鄰不安。

由此可見，不會或不能忘記，有時會成為人們幸福生活的「絆腳石」。

事實上，正常的忘卻是人類的生理與心理所必需的。有醫學案例表明，一個人如果記憶出現異常，凡是經歷過的事都不會忘記，那麼他每天的活動都會充滿混亂。再者，人有旦夕禍福，古往今來，天災人禍，留下多少傷痕，如果都一一記住，恐怕人類早就失去了生存的興趣和勇氣。沒有「忘記」的生存，是痛苦的生存。要活下去，就不能記得太多。忘記，在某一層次上是值得讚賞和推崇的，人類是在忘卻中前進的。

學會忘記，丟掉的是傷痛，留下的恰恰是美麗。蹉跎歲月，人生如歌，我們又何必過分的留戀和計較那些過往的東西，何必把那些無謂的怨

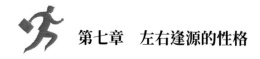

第七章　左右逢源的性格

恨懊惱背在肩上，讓心靈去承受擠壓和負載，讓精神遭受折磨和打擊。學會忘記，蓄足我們的心力和體力，勇敢穿越記憶的隧道，為生命開闢一片新綠！

有些人對別人對他的好視而不見，對他的不好卻耿耿於懷。殊不知，記住別人對我們的恩惠，洗去我們對別人的怨恨，在人生的旅程中才能才能自由翱翔。

有一次阿拉伯著名作家阿里，和吉伯、馬沙兩位朋友一起旅行。三人行至一個山谷時，馬沙失足滑落，幸而吉伯拚命拉他，才將他救起。馬沙就在附近的大石頭上刻下了：「某年某月某日，吉伯救了馬沙一命。」三人繼續走了幾天，來到一處河邊，吉伯與馬沙為了一件小事吵了起來，吉伯一氣之下打了馬沙一耳光，馬沙就在沙灘上寫下：「某年某月某日，吉伯打了馬沙一耳光。」當他們旅遊回來之後，阿里好奇的問馬沙：為什麼要把吉伯救他的事刻在石頭上，將吉伯打他的事寫在沙灘上？馬沙說：「我永遠都感激吉伯救我。至於他打我的事，隨著沙灘上字跡的消失，我會忘得一乾二淨。」

有效的「忘記」需要掌握以下幾個環節：

* **要有豁達的胸懷和主動言和的願望**：事實上，不愉快的事情一旦發生，在短時間內通通忘掉是不可能的。但是，為了友誼，我們必須擺脫感情的羈絆，以開闊豁達的忍讓態度，真心誠意作出向前看的高尚姿態。要有勇氣在感情上自己超越自己，在思想上自己開導自己，不為「小肚雞腸」所累。只有這樣才能為「忘記」創造必要的心理前提。

* **要選好表現「忘記」的時機**：衝突之後應間隔一定時間，以使雙方都冷靜一下，想想各自的問題，但是這段時間不宜拖得太長，最好在事

後第一次見面就以忘記的方式搭話。如果拖得久了，時過境遷，隔閡就會加深。

* **要出語恰當，能誘使對方積極回應**：表現忘記要注意話語選擇。第一句話應避開原本的矛盾點，選擇對方也願意回答的話題，如談談天氣、說說廣播節目，或工作場所的新鮮事之類。總之，應是對方也願意談論的話題，誘使其非應答不可，從而達到和解的目的。這樣，良性互動的友誼列車就會重新開動起來了。

樂於忘卻是一種心理平衡。有一句話說的是：生氣是拿別人的錯誤懲罰自己。老是念念不忘別人的不好，實際上深受其害的是自己的心靈，搞得自己狼狽不堪，不值得。樂於忘懷是成功人士的一大特徵，既往不咎的人，才能甩掉沉重的包袱，踏大步前進。

第七章　左右逢源的性格

第八章
以始為終的性格

　　每個人都有自己的人生計畫,成功人士尤其如此。人生計畫是你一生的追求和信仰,人生信條是你一生的原則和標準。所以,要想獲得成功,就必須具備有始有終的性格,只有在通往成功的道路上,不半途而廢,不管艱難困苦,一如既往的向前邁進,才能真正獲得成功的青睞。可以說,成功人士之所以能成功,歸功於他們對自己的人生計畫有始有終的性格。

自己的人生使命不要忘記

　　成功人士任何時候都不會忘記自己的人生使命。前美國最高法院大法官霍姆斯（Oliver Wendell Holmes, Jr.）曾說過這樣一句話：身外之物和內在力量相比，便顯得微不足道。這句話的意思是，在你心煩意亂、茫然無所從時，請找個僻靜不受干擾的角落，拋開一切雜念，敞開心扉，做一段心靈之旅。

　　人生的最終期許，是可以發掘人們心底最根深蒂固的價值觀，間接觸及、影響其核心部分。從此時此刻起，一舉一動，一切價值標準，都必須以人生的最終使命為依託；也就是由個人最重視的期許或價值來決定一切。我們應該時時刻刻把人生使命謹記在心，每一天都要朝此邁進，不能有絲毫違背。

　　確認使命也意味著，著手做任何一件事前，要先認清方向。這樣不但可對目前所處的狀況了解得更透徹，在追求目標的過程中，也不致誤入歧途，白費工夫。

　　人生旅途，岔路很多，一不小心就會走冤枉路。許多人拚命埋頭苦幹，卻不知所為何來，到頭來仍然發現追求成功的梯子搭錯了牆，為時已晚。因此，人們也許很忙碌，卻不見得有意義。

　　很多人成功之後，反而感到空虛；得到名利之後，卻發現犧牲了更可貴的事物。上至達官顯貴、富豪巨賈，下至平頭小民、凡夫俗子，無人不在追求更多的財富或更高的事業地位與聲譽，可是名利往往蒙蔽良知，成功每每須付出昂貴的代價。因此，我們務必掌握真正重要的遠景，然後勇往直前堅持到底，使生活充滿意義。

　　就像建築，在拿起工具建造之前，必須先有詳盡的設計圖；而繪出設

計圖之前，須先在腦海中構思每一個細節。有了設計圖，然後有施工計畫，這樣按部就班，才能完成建築。假使設計稍有缺失，彌補起來，可能就事倍功半。設計藍圖代表遠景，整個建築過程均以它為準繩，因此寧可事先追求盡善盡美，以免亡羊補牢。

創辦企業也是同樣的道理。要想經營成功，必須先確定產品或服務可達到的營運目標，然後綜合資金、研究發展、生產作業、行銷、人事、廠房設備等方面的資源，朝遠景努力前進。許多企業都敗在事先規劃不周，以致資金不足，或對市場認知不清上。

先構思而後行動的原則適用範圍極廣。比方出門旅行，要先決定目的地與路線；上臺演講，應先預備講稿；做衣服，要先設計款式。明白這個道理，把訂定使命看得與行動本身同樣重要，影響就會日漸擴大。

不過，「使命」不見得都是有意識的產物。有些人自我意識薄弱，只知遵循家庭、社會或環境所賦予的使命前進。這類使命多半出於個人主觀好惡，不符合客觀原則。它之所以能被接受，乃由於有些人依賴心過重，深怕不順從別人的要求便會失去愛，因而必須靠別人來肯定自我價值。

人生使命須以終為始。以終為始時始終如一的執行，是以自我領導的原則為基礎的，領導與管理的差異就好比思想與行動。管理是有效的把事情做好，領導則是確定所做的事是否正確；管理是在成功的階梯上努力往上爬，領導則是指出所爬的階梯是否靠在正確的牆上。

要理解兩者的區別不難。想像一下，一群工人在叢林裡清除矮灌木，他們是生產者，解決的是實際問題。管理者在他們後面擬定政策，引進技術，確定工作進度和補貼計畫。領導者則爬上最高處，巡視全貌。

尤其在飛速發展的世界中，有效的領導比以往更顯得重要。我們需要方針，需要指揮。面對紛擾不已的世界，誰也難以預料未來的發展，這時

唯有依靠自己的判斷行事。而使命 ── 也就是心中的羅盤 ── 能使你判斷正確。

成功 ── 甚至可說求生存的關鍵 ── 並不完全取決於流了多少血汗，而在於努力的方法是否得當。因此對各行各業而言，領導都重於管理。

企業方面，市場瞬息萬變，領導者必須不斷密切注視環境的變化，特別是消費者的購買習慣和購買心理，以使企業保持正確的發展方向。

所以說，到任何時候都千萬不要忘記自己的使命！

改變既有的成見

每個人在其成長過程中都承襲了許多來自他人的「人生信條」，也就是價值觀與其他方面的制約。要掌握自己的人生，就得改寫這些信條，或者改變既有的成見。

埃及前總統薩達特（Anwar Sadat）曾寫過一本自傳，講述了一個令人振奮的、改寫人生信條的故事。薩達特是在仇恨以色列的環境中長大成人的，一度以仇恨以色列來調動民眾的意志。這個信條有很強的獨立意識和濃厚的民族主義，但它也是愚蠢的，忽視了當今世界相互依存的事實。薩達特也知道這一點。

於是，薩達特決心改寫自己的人生信條。因為參與推翻法魯克王朝，他被關進了監牢。在那裡，他學會了從旁觀者的角度來觀察自己，反躬自省，改造自我。

當他終於成為埃及總統後，他改變了自己對以色列的態度。他訪問了耶路撒冷的以色列國會，展開世界歷史上最勇於突破先例的和平運動，而這一大膽的行為最終促成了大衛營協議的產生。

222

　　薩達特利用他的獨立意識、想像力和良知進行自我領導，改寫了自己的「人生信條」，影響了數百萬人的生活。當我們承襲的「人生信條」有違我們的生活目標時，我們應該要能夠利用想像力和創造力書寫新的信條，它將更為符合我們內在的價值觀。

　　人人都可以排除外來不合宜的價值觀與其他制約，由此建立自己的價值觀與方向，和對生命的責任心，來改寫人生信條，讓自己的人生真正符合自己的意願。於是，日常生活一旦出現困難，你就可以根據個人價值觀決定應對之道。

　　凡是心中秉持恆久不變真理的人，都能屹立於動盪的環境中。因為一個人的應變能力取決於他對自我、目標以及價值觀的不變信念。建立個人使命之後，我們就不必借助成見或偏見來面對變局，如此一來，便能保持安全感。世界變動太快，許多人難以適應，因而選擇了退縮與放棄，其實人生不必如此消極。弗蘭克（Viktor Emil Frankl）在納粹死亡集中營中，不僅覺悟到積極主動的真諦，還體會到生命意義的重要。後來他提倡一種「意義治療」（logotherapy），基本理論便是：許多心理與情緒疾病事實上只是失落感、空虛感在作祟。意義治療可以協助病人找回生命的意義與使命，以消除內心的空虛。

　　這樣一來，你的人生信條應該是完美的，因為你把你要做的一切都包含於其中了。

謹記自己的人生追求

　　在一所很有名望的大學裡，當下正在熱賣的暢銷書作者正在演講。從她演講一開始，就不斷有紙條遞上來。紙條上提得最多的問題是——「人生有什麼意義？請你務必說實話，因為我們已經聽過太多言不由衷的假話了。」

　　她當眾把這個紙條念出來了，念完這個紙條以後臺下響起了掌聲。她說：「你們提出的這個問題很好，我會講真話。我曾在西藏阿里的雪山之上，面對著浩瀚的蒼穹和壁立的冰川，如同一個茹毛飲血的原始人，反覆思索過這個問題。我相信，一個人在他年輕的時候，確實會無數次的叩問自己——我的一生，到底要追尋怎樣的意義？」

　　「我想了無數個夜晚和白天，終於得到了一個答案。今天，在這裡，我非常負責任的對你們說，我思考的結果是人生是沒有任何意義的！」

　　這句話說完，全場出現了短暫的寂靜，如同曠野。但是，緊接著就響起了暴風雨般的掌聲。這可能是她在演講中獲得的最熱烈的掌聲。以前，她從來不相信有什麼「暴風雨」般的掌聲這種話，覺得那只是一個拙劣的比喻。但這一次，她相信了。她趕快用手做了一個「暫停」的手勢，但掌聲還是綿延了若干時間。

　　她接著又說：「大家先不要急著給我鼓掌，我的話還沒有說完。我說人生是沒有意義的，這沒錯，但是——我們每一個人要為自己建立一個意義！是的，關於人生意義的討論，充斥在我們的周圍。很多說法，由於熟悉和重複，已讓我們——從視若無睹到了厭煩。可是，這不是問題的真諦。真諦是，別人強加給你的意義，無論它多麼正確，如果它不曾進入你的心理結構，就永遠是身外之物。比如我們從小就被家長灌輸過人生意

義的答案。在此後漫長的歲月裡，諄諄告誡的老師和各種類型的教育，也都不斷向我們批發人生意義的補充版。但是有多少人把這種外在的框架，當成了自己內在的標竿。並為之下定了奮鬥終身的決心？」

那一天結束演講之後，所有聽演講的同學都有這麼一種感覺，那就是：他們覺得最大的收穫是聽到一個活生生的中年人親口說，人生是沒有意義的，需要你為它建立一個意義。

其實，不單是一般的年輕人在目標這個問題上飄忽不定，就是在美國的著名學府哈佛大學，有很多人在青年時代也還沒有定下自己的目標。我看到一則資料，說某屆哈佛的畢業生將要出校門前，校方對他們做了一個有關人生目標的調查，結果有百分之二十八的人完全沒有目標，百分之六十一的人目標模糊，百分之七的人有近期目標，只有百分之四的人有著清晰長遠的目標。

二十多年過去了，那百分之四的人不懈的朝著一個目標堅韌努力，成了社會的菁英，而其餘的人，成就便相差很多。

時刻牢記你的人生計畫

一個人要想成就一番事業，就應該為自己的人生做一個規劃。大哲學家康德（Immanuel Kant）對人生的追求提出了四個問題，即：「我是誰？我要做什麼？我能做什麼？我該怎麼去做？」

果然是大哲學家，三言兩語，就點明了人生的真諦。

其實，事實也的確如此，你究竟是個什麼「人」，你與「植物人」的區別究竟在什麼地方？說到底，不正是體現在這四個方面嗎？說穿了，古往今來的一切哲學，不也正是關於這四個問題的答案嗎？那麼怎麼樣才算

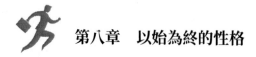

第八章　以始為終的性格

得上是成功呢？如果把這四個問題都解決了，那你離成功還遠嗎？

但不知你有沒有思考過這四個問題，如果你根本就沒想過，那麼，你肯定算不上聰明的人，如果你想過而沒能想清楚，那麼，你肯定算不上深刻的人。自然，如果你不僅認真想過而且確實想明白了，那才有資格叫做「清醒理智」的人 —— 因為，也唯有正確回答了這四個問題，你的人生設計才可能合理，你的人生定位才可能準確，你的主修方向才可能正確，你的人生之路才可能走得踏實。

比如史特龍，之所以成了享譽全球的著名影星，說到底，就是因為對上述四個問題想得清楚且做得漂亮。史特龍小時候，臉部動過手術，因為不成功，傷害了神經，使得說話說不清楚，笑起來特別難看。而史特龍一心想當演員，也確實具有表演的天賦，他就按照自己的樣式設計自己的主攻方向，就是專門出演那種話不多、表情冷峻的硬派人物，果然，這個揚長避短的表演路線使他大獲成功。後來，他還自己動手寫劇本，寫那種適合自己表演的劇本，然後親自出演大顯身手，在銀幕上塑造了一個又一個沉默寡言剛強硬氣的英雄人物，終於一步步走向了成功。試想，史特龍的成功，不就是正確回答了上述「四個問題」後的合理的人生設計嗎？

張藝謀是當今電影界的成功者，他的成功經歷應該對我們每個人都有啟示。一九六〇年代初，張藝謀國中畢業，被安排到咸陽的偏僻山區下鄉服務，很難回城。張藝謀沒有怨天尤人，他開始自己創造自己的生活。他經過一番調查，發現各個工廠招工的時候，都願意招收有特長的人。於是，他就苦練籃球，掌握一技之長，終於被工廠錄用。這是他成功人生的第一步。

一九七八年，張藝謀考上了北京電影學院，這是北影第一次招生，張藝謀雖然成績不錯，但是，政治審查不合格，同時又超過學校規定的年

齡。張藝謀被拒絕，多方奔走沒有結果，但他沒有放棄，給素昧平生的文化部長寫了一封自薦信，並且附上了他自己最優秀的攝影作品。部長看信以後被感動了，認為他是個人才，就寫信給電影學院，還派了祕書去過問，終於使電影學院破格錄取了張藝謀。這是張藝謀創造成功人生的第二步。

張藝謀從影以後，勇於突破禁區，張揚個性，推出了一部又一部的**轟動全球的電影作品**，實現了他成功人生的第三步。

如此看來，成功的人生，說到底，就是合理設計並堅定不移付諸行動的人生，但願你能腳踏實地走出一條真正合理的人生之路，如此，成功必定屬於你！

重視你的生活重心

人人都有生活重心，即使不一定意識得到，但它依舊存在。成功人士會把生活主次輕重分得一清二楚，也就是他們重視生活重心。美國的潛能大師史蒂芬·柯維（Stephen Richards Covey）把生活重心分成以下九種：

（1）以家庭為重心

以家庭為重的現象十分普遍，而且似乎理所當然。家的確帶來愛與被愛、同甘共苦以及歸屬的感覺，但過分重視家庭，反而對家庭生活有害。太仰賴家庭提供安全感及價值感，太重視家族傳統與名譽，通常無法接受任何可能影響這些傳統與聲譽的改變。以家庭為重的父母，不能為子女的真正幸福著想，他們的愛往往是有條件的。結果若非導致子女更為依賴，就是變得叛逆。

（2）以配偶為重心

婚姻可以說是最親密持久、最美好可貴的人際關係，因此以丈夫或妻子為生活重心，再自然不過了。

根據一位多年擔任婚姻顧問的資深教授的經驗，以配偶為重心的婚姻關係，多半會發生情感過度依賴的問題。太過於重視婚姻，會使人的情感異常脆弱，經不起些許打擊，甚至無法面對如新生兒降臨或經濟窘迫等變化。

婚姻會帶來更多的責任與壓力，一般人通常根據以往所受的教養來應付。然而兩個背景不同的人，思想必定有差異，於是乎諸如理財、教養子女、與雙方家人相處的問題，都會引起爭執。若再加上其中一方情感難以獨立，這椿婚姻便岌岌可危。如果我們一方面在情感上依賴對方，一方面又與對方有所衝突，就極易陷入愛恨交織、進退失據的矛盾中。為了保護自己，便更加退縮及排斥對方。於是，以冷嘲熱諷代替真實的感受，感情用事的結果是失去了方向、智慧與力量。縱使表面似乎保住了安全感，實則不然。

（3）以工作為重心

只知埋頭苦幹的「工作狂」，即使犧牲健康、家庭與人際關係也在所不惜。他的生命價值只在於他是個醫生、作家或演員等，一旦無法工作，便失去所有的生活意義。

（4）以金錢為重心

誰也無法否認錢的重要，經濟上的安全感也是人類最基本的需求之一，因此追求財富無可厚非。但若唯利是圖，往往得不償失。

如果一個人的安全感與價值觀完全建立在金錢的多寡上，勢必寢食難安，因為影響財富的變數太多，任何一個閃失都令人承受不起。但是錢卻不能帶來智慧或指引生命的方向，只能提供有限的力量與安全感。

（5）以自我為重心

他們最明顯的特徵就是自私自利。然而，市面上盛行的個人成功術，無一不以個人為中心，標榜只索取不付出。殊不知狹隘的自我中心觀，會使人缺乏安全感和人生方向，而且也不會有智慧及行動力量。唯有為造福人群、無私奉獻而追求自我成長，才能在各個方面有所長進。

（6）以名利為重心

占有欲極強的人，想據為己有的不僅是有形的物質，如汽車、洋房、華服等等；無形的名譽、榮耀與社會地位也絕不放過。

我們都知道名利不可依靠，因為它們隨時可能毀於一旦，一個人若必須靠名利與物質來肯定自我，必定時時處於惶惶不安的狀態中，深恐身外之物轉眼成空。當他們面對條件比自己更好的人，便相形見絀；見到略遜一籌的人，又趾高氣揚。如此一來，自我價值起伏不定，永無寧日。難怪有人在股票大跌或政壇失意後，會選擇自戕一途。

（7）以敵人或朋友為重心

青少年尤其容易陷於以朋友為重心的情結中。為了被同行團體接納，他們願意付出一切代價；對團體的所有價值觀，也都照單全收，因而極為依賴團體。

以朋友為重心，可能只針對一個人而言，情況類似以配偶為重心。也就是完全為對方而活，導致的不良後果則大同小異。

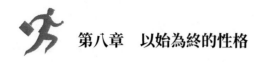

第八章　以始為終的性格

以敵人為重心，似乎少有所聞，但其實這種現象相當普遍，只是不易被察覺罷了。當某人覺得遭到上司的不公平待遇後，很容易耿耿於懷，所作所為都是為了要反抗待他不公的人。這就是以敵人為生活重心。

一位工廠的技術員，由於與主任交惡，便終日以對方為敵，幾乎到了走火入魔的地步，最後逼得他不得不選擇離開。

有人問他：「如果不是因為那位主任，你寧願繼續留下來，對不對？」

他回答：「是的，可是只要他在一天，我便永遠不得安寧，只好另謀高就。」

「你為什麼讓他成了你生活的重心？」

技術員被這個問題震懾住了，矢口否認。如果把道理分析清楚，就不難看出他是咎由自取。技術員起先只承認主任的確對他影響很大，但認為錯在對方。

有些離婚的人，仍念念不忘對前夫前妻的深仇大恨；有些已成年的子女，仍為父母當年的忽視、偏心或責罵而忿忿不平，這也都是以敵人為重心。

以朋友或敵人為重心的人沒有安全感。他們的價值觀變化無常，受制於他人的情緒和行為，時時揣摩如何反擊。這樣的人是沒有力量的，時時被別人牽著鼻子走。

（8）以享樂為重心

在當前崇尚速成的世界裡，享樂之風盛行，不足為奇。電視與電影餵大了觀眾的胃口，然而銀幕上的浮華生活，骨子裡並不如表面上看起來那般美好光鮮。

真正的快樂可使人身心舒暢，短暫的刺激卻絲毫不能給人持久的快樂與滿足。貪圖享樂的人很快便會對既有的刺激感到乏味，然後就得追求更刺激的快感。

休太長的假，看太多的電影、電視，打太多的電動遊戲，長久無所事事，都只是浪費生命。無益於增長智慧，激發潛能，增進安全感或指引人生，只不過製造更多的空虛而已。

馬科利奇在《二十世紀的聖經》中寫道：

回憶舊日生活，對我觸動最大的是，當時看上去十分重要、十分吸引人的事，現在看來微不足道，荒唐可笑。比方說，各種各樣的成功、名氣和讚譽；得到金錢或吸引女人後的歡愉。旅行，像撒旦那樣上下沉浮，經歷著浮華世界裡的一切。回想起來，所有這些滿足都已虛無縹緲。

（9）以宗教為重心

有人對宗教活動極為熱衷，甚至沒有宗教信仰，言行卻更合乎宗教勸人向善的宗旨。

一般而言，我們都是以上某幾種形態的混合體，隨外在情勢的不同而有所調整。此一時可能以朋友為重心，彼一時或許又變為以配偶為重心。

生活重心如此搖擺不定，情緒上難免起起落落，一會兒意氣風發，一會兒頹唐沮喪；一會兒鬥志昂揚，一會兒又落魄消沉。

所以，最理想的狀況還是建立明確固定的生活重心，使人生更平順、更和諧。這樣還有什麼不成功的呢？

始終如一看待身邊的機遇

　　成功人士不怕失敗，他們善於失敗後再去尋找機遇，不管失敗多少次都可以從頭開始。只有你能發現機遇，從而把失敗與挫折轉變為成功。也就是說，不管失敗多少次都可以從頭開始。

　　電影大亨戈德溫（Samuel Goldwyn）曾經說：「我想所謂運氣，就是能察覺機遇所在並能即時掌握。人人都有時運不濟的時候，但人人也都有機遇。敗而不餒，掌握機遇，就能成功。」能穩操勝券者從不等待幸運女神來敲門，他們深知所謂幸運其實是自己創造的。事業有成就的人也知道霉運是消極思考所形成。反之，開放而樂觀的態度能造成良性循環，製造出更多的幸運。

　　人生充滿機遇，只是看我們是否善於掌握它。英國著名小說家艾略特（George Eliot）曾經寫道：「生命巨流中的黃金時刻稍縱即逝，除了砂礫之外我們別無所見；天使前來探訪，我們卻當面不識，失之交臂。」二十世紀的美國人也有一句俗諺：「通往失敗的路上處處是錯失了的機遇。」

　　坐等幸運從前門進來的人，往往忽略了從後窗進入的機遇。

　　張小姐就是這樣一個人。她在一家小公司謀得一份好差事，可是上司要她做一件不在她職責範圍內的工作，她拒絕了。不久以後，另一個部門的一位同事問她願不願意嘗試那個部門的工作，她再度回絕。張小姐不願擔負其他任何任務，除非給她加薪，讓她升遷。她沒有認出送到她眼前的機遇。假使她接受新任務並且順利完成，她就非常有資格要求加薪和升遷了。結果部門經理認為她不思進取，不願成長。

　　我們常把機遇擬人化，誤以為幸運之神真的存在，許多人就坐等機遇來敲門。可惜的是，機遇從來不會自動前來敲門。不管你等待多少年，也

聽不到它的敲門聲。原因是，機遇並非外界的生存實體，它在你的內心之中，你就是機遇。

只有你能製造機遇。只有你能鍛鍊自己的能力來利用機遇。只有你能發現機遇，從而把失敗與挫折轉變為成功。

有些人給機遇下了狹隘的定義，認為是指一次交易成功或得到升遷。其實機遇涵蓋的範圍很廣，它意味著在眾人都陷入消極的泥潭中時，你卻能尋出一條積極思考的途徑。機遇是在強大壓力之下圓滿完成任務；機遇是不捲入辦公室裡的勾心鬥角；機遇是不受緊張、衝突和自我懷疑的牽絆；機遇是接納自己的一切，求得內心的寧靜，並享受充滿自信的愉悅。

朝著一個值得努力的目標前進，盡量利用造物主慷慨賜予你的才華和能力，機遇就在其中。

記住，任何人都有失意和挫折的時候，但是人人也都有豐富的潛力。不快樂的人只看見他的錯誤和弱點，滿心喜悅的人則專注於自己內心的創造力。

怎麼為自己創造機遇？你要不斷探索、發現並且適應新來乍到的機遇。

更重要的是，你要保持心胸開闊與樂觀。不久，你就會聽到機遇在敲門，不是敲你的前門，而是叩響你的心扉之門。

機遇來臨時，許多人閉門不納。他們不知道機遇稍縱即逝。抱著凡事明天再說的想法，永遠達不到目標。你等待的船隻不會在未來某一個未知的時刻駛來。把眼前唾手可得的機會拖到下週或明年是一種浪費，你只在眼前、今天、此刻擁有這個機遇。

期待明天或不久之後出現奇蹟，是不切實際而且必然失敗的想法，尤其是期待別人為你製造奇蹟。依賴自己的才華、自己的決心、自己的信念，才能創造出自己的成就。

因此，機遇正等著你去創造，你只需要開始享受工作樂趣即可。你擁有一切基本自由，諸如更換工作、接受教育、接受訓練，開創事業、創新產品或提供更好的服務等等。

人間處處是機遇，但只有那些預先做準備的人才能認出機遇並加以有效利用。未經妥善準備，任何人都無法看出或利用優勢。請記住，機遇往往喬裝成問題而出現。

只有經過多次嘗試才能成功

每位想要成功的人都應該相信這樣一個公式：成功＝嘗試＋嘗試＋再嘗試。為什麼？人一生會遇到很多問題，但是你是否遇到過這樣的問題：「如果去嘗試，後果將會怎樣？」這種想法本身就是與成功作對的一個敵人。這個成功的敵人總是讓我們去想：「如果我失敗了，那怎麼辦？我去試過了，但沒能成功會怎樣？」這種想法會使你放棄努力。

克萊門特‧史東曾告訴過我們一個成功的訣竅：每當你失敗時，再去嘗試，原諒自己的過失，用積極的人生觀激勵自己不斷進步！

此外，在談及不斷嘗試對成功的重要作用時，克萊門特‧史東曾對其子女感嘆道：「我看到許多在年輕時極有才華的人，一生卻一直都是默默無聞，而他們毫無建樹的最大的原因是這些人在年輕時，不敢大膽嘗試，以至於所有的才華都被埋沒了。倘若這些人在年輕時，有人引導他們去嘗試一些他們應該做、卻又不敢做的事，那麼這些人的才華便能得以發揮，他們的生活將會變得更美好。所以，我希望你們在人生之路上無論遇到什麼樣的難題，都不要放棄繼續嘗試的機會！」

有一位戰勝了這個對手的人，他的故事一定會對大家有所啟發。那是

在一八三二年，當時他失業了，這當然使他很傷心，但他下決心要當政治家、當州議員，但糟糕的是他競選失敗了。在一年裡接連遭受兩次打擊，這對他來說無疑是痛苦的。他又開始著手自己創辦企業，可一年不到，這家企業又倒閉了，在之後的十七年間，他不得不為償還企業倒閉時所欠的債務而到處奔波、歷盡磨難。

當他再一次決定競選州議員時，他成功了。他內心因此而萌發了一絲希望，認為自己的生活有了轉機：「可能我可以成功了！」一八三五年，他訂婚了，但離結婚還差幾個月時，他的未婚妻不幸去世。這對他精神上的打擊實在太大了，他心力交瘁，數月臥床不起。在一八三八年他覺得身體狀況良好時，決定競選州議會議長，可他又失敗了。一八四三年，他又競選美國國會議員，這次他仍然沒有成功。要是你處在這種情況下，會不會放棄努力？他雖然一次次嘗試，但卻一次次遭受失敗：企業倒閉、情人去世、競選失敗。要是你碰到這一切，你會不會放棄 —— 放棄這些對你來說很重要的事情？他沒有放棄，他也沒有說：「要是失敗會怎樣？」一八四六年，他又一次競選國會議員，最後終於當選了。

兩年的任期很快過去了，他決定要爭取連任。他認為自己身為國會議員的表現是出色的，相信選民會繼續擁戴他，但結果遺憾的是他落選了。

因為這次競選，他賠了一筆錢，所以在他申請當本州的土地官員時，州政府把他的申請退回，上面指出：「做本州的土地官員要有卓越的才能和超常的智力，你的申請未能滿足這些要求。」

接連又是兩次失敗，然而，他並沒有服輸，一八五四年，他競選參議員，但失敗了；兩年後他競選美國總統提名，結果被對手擊敗；又過了兩年，他再一次競選參議員，還是失敗了。

這個人嘗試了無數次，卻只成功了兩次。要是你處在他這種境地，你

第八章　以始為終的性格

會不會早就放棄了呢？

　　這個在九次失敗的基礎上贏得兩次成功的人便是亞伯拉罕・林肯，他一直在尋求不斷的自我進步。而就在一八六〇年，他當選為美國總統。

　　亞伯拉罕・林肯遇到過的敵人你我都曾遇到過。林肯面對困難沒有退卻、沒有逃跑，他堅持著、奮鬥著。他壓根就沒有想過要放棄嘗試，他不願放棄努力。就像你我一樣，林肯也有自由選擇權。他可以畏縮不前，不過他沒有退卻。你我也同樣可以在困難面前不必退卻逃跑。如果你每遭受挫折時便放棄，不再努力了，那麼你就絕不會勝利。失敗者總是說：「你要是嘗試失敗的話，就退卻、停止、放棄、逃跑吧！你不過是個無名小輩。」千萬不要聽信這種勸言。拯救自己的人對此從來都不加理會，他們在失敗時總會再去嘗試。他們會對自己說：「這是一條難以成功的道路，現在我再從另外一條路上去嘗試吧！」

　　要想實現成功的目標，我們必須每天都有一個清晰的開端。每天早晨不要對自己說：「我可能會在考驗中失敗，在工作中受挫。」不要這樣想！你應該這樣對自己說：「今天我可以做好我力所能及的工作，昨天或者前天的失敗並沒有什麼關係。今天是嶄新的開端，讓我再來嘗試！」

　　一九五五年，美國「國際銷售執行委員會」派遣七名代表前往亞太地區，克萊門特・史東是其中之一。十一月中旬的一個星期二，他在對澳洲墨爾本的一群商人演講中，講了這樣一個故事：

　　麥克・萊特是吉弟卡片公司的老闆，也是加拿大最年輕的企業家之一。他六歲時，某次參觀完博物館之後，就開始打算，看自己能不能畫幾幅畫來賣錢。他母親建議他把畫印在卡片上出售。由於他有一些與眾不同的構想，所以很快就走上了成功之路。萊特在他母親的陪伴下，挨家挨戶去敲門，言簡意賅說出要點：「嗨！我是麥克・萊特，我只打擾一下，我

畫了一些卡片，請買幾張好嗎？這裡有很多張，請挑選你喜歡的，隨便給多少錢都可以。」他的卡片是手工畫在粉紅色、綠色或白色的紙上，上面有一年四季的風景。萊特每週工作六七個小時，平均每張賣二十五分美元，一小時可以賣二十五張。

不久，萊特就發現自己需要幫手，他立刻請了十位員工，大多是小小畫家。他付給他們的費用是每張原作二十五分。後來由於把業務擴展到郵購，所以萊特越來越忙碌。第一年做生意，萊特已經成了媒體上的名人，他上過許多著名的新聞媒體，他的名字幾乎是家喻戶曉。

萊特有別出心裁的點子，不在乎自己的年齡，再加上母親的鼓勵，小小年紀就有了自己的事業。你是否也有別具創意的好點子？若果真如此，你還等什麼呢？

好點子不介意主人的年齡、性別、種族、宗教或膚色，也不在乎主人怎麼運用它。只要你勇於將你的新點子付諸實施，保持積極進取的心態，你就一定會將其變成現實！

雖然我們有勇氣在困難面前不斷嘗試，但是在我們面對自己的靈感時卻可能感覺到一種膽怯。新點子找上我們之初，我們難免會有點害怕。也許它們顯得太新奇、太不實際，但害怕自己的好點子必然會阻礙我們的進步。

第八章　以始為終的性格

做好自己所從事的每一件事

　　做好自己所從事的每一件事，這看似簡單卻非易事。的確，在人的一生中，也不是一帆風順的，只有百折不撓的人，才會有成功的命運。

　　韓國鄭周永創建的「現代建築」成為建築業的霸主，並進軍海外，占領了中東建築市場；「現代造船」超過了日本同行們成為世界上最大的造船企業；「現代汽車」的產品奔馳在世界各地。鄭周永被譽為「最有魅力的男人」、「亞洲最富有」的企業家。

　　鄭周永出生在江原道通川郡松田面峨山裡的一個貧苦農民家庭，祖輩世代務農，父母親都是村裡出名的勤勞人，除了他以外，家裡還有五個弟弟和一個妹妹。少年時代的鄭周永曾就讀於通川郡松田公立小學，小學畢業後，貧窮的家境再也無法讓他繼續念書了，鄭周永只得回到家中與父親一起，早起摸黑在田裡幹活。然而，儘管全家人拚命工作，仍然不能改變貧苦的命運。一年下來，連基本糧食需求都無法滿足。一天的勞動全靠早餐支撐，晚上只能吃稀粥來哄哄肚子。這種艱難貧窮的農村生活使得少年的鄭周永難以忍受。他開始夢想 —— 要離開這毫無希望的窮山惡水，去尋找另一個屬於他的新天地。於是，他向在鎮上工作的幾個同學求援，想請他們幫忙在鎮上謀點差事做。然而他的同學想不出什麼辦法，而他的「異想天開」還被固執的父親罵了一頓，理由很簡單：身為長子就應該留在家裡傳承祖業，老老實實種田，養家糊口。

　　鄭周永並沒有打消自己的念頭，第二年春天，十六歲的鄭周永在一個偶然的機會下，在報紙上看到北方的清津市正在修建港口和鐵路。他馬上意識到，修港口和鐵路一定會需要大量的勞工。這或許是一次難得的機會，鄭周永彷彿已感覺到了自己正處在隆隆的機器聲中，成千上萬的建築

工人來來往往忙碌著，那裡面當然也有他。

　　然而當他在一張破舊的地圖上找到清津市時，心頓時冷了 —— 清津市竟與通川相距一千多公里。「再遠我也要去！」鄭周永下定了決心。他立即行動起來：先去找到最好的夥伴池周元，兩人悄悄靠賣柴積攢了四角七分錢。八月的一天，他們拿著這僅有的旅費，瞞著父母，溜出村子，向清津出發了。一路上他們餐風露宿，白天靠幾分錢的食糧維持體力來趕路，晚上便空著肚子在背風處過夜。一路奔波，疲憊不堪的鄭周永怎麼也睡不著，他望著黑洞洞的天空，想起了貧窮的家鄉，想起了爸爸媽媽和弟弟妹妹，想到父母會為兒子的失蹤而感到焦急不安，他深感自己對不起父母雙親，傷心的哭了。鄭周永狠狠咬住自己的嘴唇：為了改變貧窮，為了能讓全家人過上幸福美滿的日子，我一定要出去，走到底！

　　經過幾天的奔波，他們來到了高原市。當他們得知這裡也有鐵路工地，就決定先賺點旅費再去清津。鋪路的工作比種田要累得多，一天從早做到晚，使他全身疼痛，渾身乏力。但一想到貧窮的家和茫茫的前程，他只得咬牙堅持下去。鋪路工每月薪水四角五分錢，除去飯費，一個月全勤也只有一角五分錢。轉眼間兩個月過去，中秋節快要到了。鄭周永想讓父母高興一下，於是好不容易說服了工頭，預先領點錢寄給家裡。正當他高興的從工頭棚裡走出來時，突然一個熟悉的聲音使他愣住了：「周永！」「爸爸！」父親出乎意料的站在他面前。

　　原來，從他離家出走後，焦急萬分的父母好不容易從賣報紙的那裡得到一點線索，便一路找來，沒想到在高原遇到了他。就這樣，鄭周永便像個小俘虜一樣被父親帶回了貧窮的小山溝。儘管鄭周永是個在小山溝裡土生土長的窮孩子，但少年時代特有的幻想和對未來的憧憬始終纏繞著他。他無法忍受這難耐的困境，他急需改變這一切；窮則思變，鄭周永已經下

第八章　以始為終的性格

定決心，無論有多大的阻力，他都要走出這小山溝。

某一次，他看到連載小說《泥土》時，立即被主人公許崇吸引住了，他想著許崇能從山溝裡獨自進城，一邊打工一邊學習，而我鄭周永為什麼就不能出去闖一闖呢？於是，一個新的計畫又在他的心裡萌芽了。第二年春天，他又與村裡的另外兩個伙伴聯手，在一天夜裡，溜出村子，一口氣跑了一百多里，朝漢城走去。然而，他又失敗了，當他們一夥人來到金化的一位親屬家時，又被一路追來的父親「押」了回去。

回到家中，鄭周永後悔不已，他總結了這次失敗的原因是旅費不足，再走，一定要有充足的旅費，再也不能去投親靠友了。這年秋天，他狠下心做了一件對不起家人的事，把父親賣牛的錢找了出來。這次他變得聰明了，一不找伙伴，二不在晚間溜走，以免引起父親的注意。鄭周永趁家裡無人時，終於坐上了南下漢城的火車。一路上他看著窗外景色，心裡浮想聯翩。他此行去漢城，主要目標是進牡丹會計學校速成班。這是這年夏天他在女朋友王善家的舊報紙上看到的。學制六個月，畢業後由學校安排工作，按當時的薪水看，畢業後每月至少能賺三十元，每年就有三百六十元，去掉每年一百二十元食宿費，還有兩百四十元存款，這樣每年最少能買二十四袋米，比他一家人一年賺到的糧食要多得多。他越想越高興，相信等父母收到寄回的錢時，一定能原諒他所有的過錯。

到漢城後，鄭周永很快就辦完了入學手續。由於已經開學三天，課程又講得很快，鄭周永不得不加倍努力，因為他知道，學校將來是按成績分配工作的。正在他躊躇滿志之際，意想不到的事又發生了。一天早上他匆匆忙忙趕往學校，走到校門口時，又與父親撞個滿懷，他的臉色頓時變得慘白。儘管鄭周永向父親說盡了好話，父親還是流著老淚，要兒子「快回家吧」。父親的眼淚，一下子使鄭周永所幻想的一切全泡湯了。父子倆一

前一後默默朝車站走去。

其實做父親的有誰不想讓兒子出人頭地呢？父親三番五次外出尋找兒子，不單是希望鄭周永盡到長子的責任，還因為在父親的眼裡，他仍是孩子，父親擔心兒子一人在外會吃苦頭，農村再窮再苦，一家人畢竟還可以平平安安過日子。看著傷心的兒子，父親也覺得內疚。快到火車站時，父親開口了：「孩子，你來漢城十多天了，沒到別處去玩玩嗎？」「沒有。」父親心裡一酸，領著兒子重新折返，來到動物園。他想讓兒子開開眼界，以後恐怕再也沒有機會了。父親好不容易摸出五分錢，遞給鄭周永：「進去看看吧，我們坐晚車走，你好好玩玩，爸爸在外面等你。」父親幾句誠摯的話，使鄭周永淚如雨下，他沒有去動物園，而是帶著父親回到了火車站。

一九三四年，是鄭周永懂事以來最糟的一年，田裡的莊稼幾乎沒有收成，村裡又有一種可怕的傳染病在流行。鄭周永那強烈的願望又復甦了，他無法輕易改變自己的決定。為了養家糊口，父親再也不阻止他了。如此，十九歲的鄭周永第一次正式告別了父母，直奔漢城，去尋找他嚮往已久、屬於他自己的夢。

經過一番奔波和努力，他終於找到了一份滿意的工作，在一家叫福興商會的米行當一名發放員，月薪是十八元。由於他的勤勞樸實，很快便贏得了店主人的喜歡和信任。在福興商會工作的兩年間，鄭周永寄回家的薪水所能買到的米就有十八袋之多，遠遠超過了一家人的全年收入。

然而由於店主的兒子不爭氣，米行不得不停業關閉。經過三年鍛鍊的鄭周永，決定自己獨立闖一番事業。於是他在原址繼續從事米行生意，並充分利用了新建立的各種人際關係，很快便站穩了腳跟。不久他便打出了自己買賣的大號 —— 京一商社。從此，鄭周永便步入商界，在充滿了險惡鬥爭與較量的商戰中開始了新的戰鬥。鄭周永決心從窮山溝裡跑出來，

不管阻力來自何方，也不管阻力有多大，他最終還是走了出來。如果他第一次出走後被父親找了回來便改變了決定，如果第二次出走失敗後他改變了決定，如果第三次出走未成他改變了決定，那就不會有現在的鄭周永，也就不會有令世人矚目的「現代集團」。鄭周永便是這種人，一經決定，便百折不撓的去做到底。如果沒有這種精神，鄭周永一生的歷史便只能從頭改寫。事實上，我們不管做什麼事，不僅需要深思熟慮後的果敢決定，更需要有一種為實現自己的決定而做出無悔的、不懈的努力精神，沒有這種精神，我們又何以能成就大事？因此，我們必須明白一個道理：唯有百折不撓者，才能抵達成功的彼岸。

人人膝下皆有黃金

「大丈夫有淚不輕彈」、「男兒膝下有黃金」是古時候教導人立志的話語。話雖然俗了點，卻道出了一個亙古不變的道理，做人要有遠大的志向和目標，並以此為畢生追求。

一所名星高中有一位老師，在接受記者採訪時說：「別的沒什麼好說的，我只跟你講一個小故事，也許對讀者還有點益處。」他說 ——

我母親是在我七歲那年去世的，繼母來到我家的那一年，我十一歲了。剛開始，我不喜歡她，大概有兩年的時間我沒有叫她「媽」，為此，父親還打過我。可越是這樣，我越是在心中有一種很強烈的抵觸情緒。然而，第一次喊她「媽」，卻是我第一次也是唯一一次挨她打的一天。這天中午，我偷人家院子裡的葡萄時被主人給逮住了。主人的外號叫二鬍子，我平常就特別怕他，如今在他的面前犯了錯，我嚇得渾身直哆嗦。二鬍子說，今天我也不打你不罵你，你只要給我跪在這裡，一直跪到你父母來領

人。聽到要我跪下，我心裡確實很不情願。二鬍子見我沒反應，便大吼一聲：「還不給我跪下！」迫於他的威懾，我戰戰兢兢的跪了下來。這一幕，恰巧被我的繼母給撞見了。她衝上前，一把將我提起來，然後，對二鬍子大罵道：「二鬍子，你簡直是一個王八蛋！」繼母平時是一個沒有多少話的性格內向之人，突然如此震怒，讓二鬍子這樣的人也不知所措。我也是第一次看到繼母性格中另外的一面。

回家後，繼母用尺狠狠抽打我的屁股，邊打邊說：「你偷摘葡萄我不會打你，哪有小孩不淘氣的！但是，別人要你跪下，你就真的跪下？你知道嗎？膝下有黃金，膝下有黃金呀！像你這樣，將來怎麼成人？將來怎麼成事？」繼母說到這裡，突然抽泣起來。我儘管只有十三歲，但繼母的話在我的心中還是引起了震撼。我猛然抱住了繼母的臂膀，哭喊道：「媽，我以後不會這樣了。」

這個小故事似乎只是我心中的一個枝微末節，但隨著我年齡的增長，它漸漸成了我生命的主題。

「膝下有黃金」，繼母的話一直深刻影響著我。一個人，唯有捍衛了自己的尊嚴，信念才不會缺失，人生的陣地才不會陷落。

「膝下有黃金」，使我們看到那位教師有始有終所追求的。

沒有什麼能阻擋你

人的行為的特點通常具有目的性，沒有目標的行為是無法獲得什麼效果的，這固然沒錯，但是，在日常的工作中，有些人即使已經確定了目標，但行動的時候，其目標總是無法實現。當你制定的目標一而再、再而三得不到實現時，你就會對自己產生懷疑。在對自己全盤否定後，壓力就

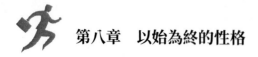

第八章　以始為終的性格

產生了。那麼，你該怎麼消除這種壓力呢？

首先，制定目標時要遵循科學性。所謂科學性，是指制定目標必須有事實根據或理論依據。如果你制定的目標從根本上違反了科學原理，那麼你的目標當然是實現不了的。比如說，牛頓（Isaac Newton）晚年孜孜不倦為神學找「科學論證」，克魯克斯（William Crookes）用科學儀器研究降神術，歷代種種「永動機」的巧妙構思，不就是前車之鑒嗎？這些目標之所以終究不能實現，其原因正是在於它們缺乏科學性。因此，我們制定目標時必須堅持科學性原則。一旦我們發現自己的目標因缺乏科學性而不能實現，我們就應該立即更換新目標，以免無意義的浪費時間和精力。科學性原則是我們實現目標的必要條件。

其次，所制定的目標要有實現的可能性。我們知道，人的認知和實踐在某種程度上總是會受到主客觀條件的制約。所謂主觀條件，它是指一個人實現某一目標所必須具備的知識、能力、身體狀態等，而客觀條件則指的是實現目標必須具備的各種物質手段和環境條件等。無論是誰，只有在具備了一定的主、客觀條件的前提下，他才有可能成功實現其預定的目標。試想一想，假如你在尚未掌握初級數學知識的條件下，就試圖一下子摘取哥德巴赫猜想（Goldbach's conjecture）這樣的科學桂冠，那有可能嗎？然而，在現實生活中，的確有那麼一些人，他們雖然著實也為自己的既定目標付出了大量的心血，但仍然不能達到預期的目標，原因就在於其目標缺乏實現的可能性。因此，我們在制定自己的奮鬥目標時，切記不可眼高手低，而應該依據自己的工作目標而定，這一點對於年輕人尤其重要。你的既定目標長期無法實現時，不妨對自己的既定目標重新加以審查，看看是否缺乏實現的可能性。如果缺乏實現的可能性，你應該及時加以調整，或者重新制定切合實際的新目標。

　　最後，要有堅忍的毅力，我們知道，要完成任何一項工作任務，恐怕都不可能一帆風順，挫折、失敗是難以避免的。倘若你沒有堅忍的毅力，遇到一點困難就動搖自己的信心，向後退縮，或者乾脆放棄既定目標，那麼你永遠不可能實現自己的既定目標。所以，我們一旦理性的確定了自己的奮鬥目標，就應該努力樹立起必勝的信心、強化毅力，從思想上做好克服困難的準備，腳踏實地、一步一個腳印堅持下去，最終必定會實現自己的既定目標。

　　正是因為人生短暫，所以我們才有理由珍惜眼前的時光。要想在有限的時間內做更多的事，就必須學會有效工作，養成井井有條的習慣，克服拖延的陋習，有自覺、忠誠的把工作做好做到位，從而讓人生更加充實。

八大性格優勢，讓你成就大事：

自信樂觀、永不言敗、踏實穩重！名人偷偷告訴你 83 個成功者的必備要素

作　　者：徐定堯，鄭一群

發 行 人：黃振庭

出 版 者：崧燁文化事業有限公司

發 行 者：崧燁文化事業有限公司

E - m a i l：sonbookservice@gmail.com

粉 絲 頁：https://www.facebook.com/
　　　　　sonbookss/

網　　址：https://sonbook.net/

地　　址：台北市中正區重慶南路一段六十一號八
　　　　　樓 815 室
Rm. 815, 8F., No.61, Sec. 1, Chongqing S. Rd.,
Zhongzheng Dist., Taipei City 100, Taiwan

電　　話：(02)2370-3310

傳　　真：(02)2388-1990

印　　刷：京峯彩色印刷有限公司（京峰數位）

律師顧問：廣華律師事務所 張珮琦律師

定　　價：350 元

發行日期：2022 年 10 月第一版

◎本書以 POD 印製

國家圖書館出版品預行編目資料

八大性格優勢，讓你成就大事：自
信樂觀、永不言敗、踏實穩重！名
人偷偷告訴你 83 個成功者的必備
要素 / 徐定堯，鄭一群著 . -- 第一
版 . -- 臺北市：崧燁文化事業有限
公司 , 2022.10
　面；　公分
POD 版
ISBN 978-626-332-795-5(平裝)
1.CST：性 格 2.CST：人 格 特 質
3.CST：成功法
173.761 111015235

電子書購買

臉書